# 回应：

## 关于"一带一路"的十种声音

THE BELT AND
ROAD INITIATIVE

王义桅◎著

天津出版传媒集团

天津人民出版社

图书在版编目(CIP)数据

　　回应：关于"一带一路"的十种声音 / 王义桅著
. -- 天津：天津人民出版社, 2020.1(2022.9 重印)
　　ISBN 978-7-201-15235-6

　　Ⅰ.①回… Ⅱ.①王… Ⅲ.①"一带一路"-研究
Ⅳ.①F125

　　中国版本图书馆 CIP 数据核字(2019)第 236161 号

## 回应:关于"一带一路"的十种声音
HUIYING GUANYU YIDAIYILU DE SHIZHONG SHENGYIN

| | |
|---|---|
| 出　　版 | 天津人民出版社 |
| 出 版 人 | 刘　庆 |
| 地　　址 | 天津市和平区西康路 35 号康岳大厦 |
| 邮政编码 | 300051 |
| 邮购电话 | (022)23332469 |
| 电子信箱 | reader@tjrmcbs.com |

| | |
|---|---|
| 策划编辑 | 王　康 |
| 责任编辑 | 王　玲 |
| 装帧设计 | 明轩文化·王烨 |

| | |
|---|---|
| 印　　刷 | 高教社(天津)印务有限公司 |
| 经　　销 | 新华书店 |
| 开　　本 | 880 毫米×1230 毫米　1/32 |
| 印　　张 | 9.625 |
| 插　　页 | 2 |
| 字　　数 | 150 千字 |
| 版次印次 | 2020 年 1 月第 1 版　2022 年 9 月第 4 次印刷 |
| 定　　价 | 58.00 元 |

荐序

● 谭 中[①]

好友王义桅钻研"一带一路"相关课题已有多年，我现在班门弄斧地为他助兴，对他的新书可能达不到锦上添花的目的，对我而言却得到一次学习的机会。

《纽约时报》著名专栏作家弗里德曼(Thomas Friedman)最近几年大力宣传"世界是平的"(the world is flat)，宣传国际大联通的重要性，却迎来英国脱离欧盟与美国选出一位闭关自守的总统反其道而行。中国提出的"一带一路"倡议也是促进国际大联通的。现在，世界上有人对"一带一路"倡议不热情，甚至产生疑惑与误解，也是对国际大联通的重要性与益处认识不足。另

① 谭中，1929年生，历史学博士，在印度大学教书40年，曾任德里大学副教授兼中日系主任、尼赫鲁大学教授兼亚非语言系主任及东亚语言系主任、新德里英迪拉·甘地国立艺术中心教授顾问兼东亚部主任，为德里中国研究所创始主席。2010年获得印度政府颁发的二等莲花奖，是继季羡林之后获得此奖的第二位中国学者。2013年获得泰戈尔创办的印度国际大学最高荣誉学位，是继周恩来、谭云山、巫白慧以后获得此荣誉的第四位中国学者。

1

一方面，中国对全世界解释"一带一路"倡议还有不足之处，还远远没有使得全世界不同国家人民一致认可、认同。在"一带一路"倡议的"五通"之中，"民心相通"是最基本的。有了"民心相通"才能做到"政策沟通"，才能使"设施联通、贸易畅通、资金融通"畅行无阻。"一带一路"倡议的理论建设是否圆满，就要看世界"民心相通"的目的能不能达到。

作为长期在海外观察中国国际大环境古往今来的学者，我想先从"一带一路"的必然性、普遍性与历史性展开，再谈"一带一路"的亲和性、比邻性与共识性，吸引广大读者来阅读王义桅这本关于"一带一路"的理论新著，帮助大家开展全方位探讨。

孔子在《论语》中说了"性相近也，习相远也"，这八个字是对人类国际关系发展最精辟的总结。一方面，"习相远也"，国际政治的"习"（实践）中存在着许许多多把人们隔离与异化的障碍；可是另一方面，"性相近也"，人们的本性就是要求国际大联通，要求搬掉阻碍国际大联通的种种障碍，这就是我们探讨"一带一路"首先必须认识到它的必然性。

借用毛泽东主席"星星之火可以燎原"的这句名言，人类在地球上生长与繁荣的两百万年来，可以说是许许多多星星之火越烧越旺而发展至今的。虽然远古时代交通运输极不方便，地球上不同部落、民族、国家各自独特发展，却并非《老子》所说的那样："邻国相望、鸡犬之声相闻，民至老死不相往来"。我们知道,地球上动植物的出现,开始时并不是全球性的。大米首先产于中国,小麦首先产于中东,玉米首先产于墨西哥,土豆首产于西班牙。许多世纪以来,这四大粮食遍布全球,没有地域限制,这就是国际大联通的体现。以前人们种植粮食都是在地面上,而土豆及其他薯类在地下生长,农业起了革命性变化,帮助人类克服粮食困难,使世界多养活亿万人口。试想如果没有国际大联通,今天人类如此人丁兴旺可能吗?!这就是我们探讨"一带一路"必须认识的它的普遍性。

"一带一路"就是国际大联通,它虽然是近年来的新词汇,却是几千年来历史运动的产物。关于"一带一路"的历史性,我比较熟悉,现在向读者汇报三点:一、有史以来,人类对国际大联通有着极大的热情;二、历史上,中国文明是国际大联通的最大受益者,现在积极在世界上提倡"一带一路"是以德报德,是对世界各国的报答;三、近现代西方列强推动的国际大联通有很大的强凌弱、众暴寡成分,和现在中国"一带一路"倡议完全是两码事,应该让外国"民心"明辨是非。

先谈第一点:有史以来,人类对国际大联通热情极高。古代交通运输极不方便,可是人们促进国际大联通的热情很高。中国历史记载中有外国使节(实际上是进行贸易活动)"梯航""重译"来到中国。"梯航"就是在不能直航的情况下,人们从远方不断换船无数次沿着海岸短距离航行最终到达目的地,国际上叫作"沿海航行"(coastal shipping)。"重译"就是不能用中国语和外国语直接通译，必须通过第三种或更多语言辗转翻译才能沟通。这些都说明古时国际交往虽然困难，却从未断绝。5世纪，高僧法显去印度求法，出国时走陆路，一走出国门，进入大沙漠就不知往哪里走。他和同伴就在地上寻找人和牲畜的尸骨，心里想着：有人死的地点就是有人走过的路，那真是视死如归的精神！他回程时搭乘一艘印度商船。海上遇到惊涛骇浪，船客险些没把他这唯一的佛教和尚丢到海中去安抚海神。7世纪，去"西天取经"的高僧义净作诗："高僧求法离长安，去人成百归无十"（百人结队出国，不到十人生还回国）。这些都说明古代国际大联通必须付出生命的代价，但古人前仆后继，国际大联通就是这样发展起来的。

现在谈第二点：在历史上，中国文明是国际大联通的最大受益者。回顾历史，世界最早也是唯一名副其实的"丝绸之路"，可以从不久前闻名全球、现在仍在继续开发的四川三星堆古遗址中得到考证，该遗址挖掘出四川丝绸销售到印度洋（得到作为古代货币的数千枚印度洋齿贝）正是明证。丝绸从四川经云南、缅甸、孟加拉湾到达恒河平原。汉使张骞在"大夏"（今阿富汗）发现印度商人转销"蜀布"（丝绸）。印度孔雀王朝开国宰相昌纳琪亚·考底利耶(Chanakya Kautilya)在《政事论》(*Arthasas-tra*)一书中提到："中国蚕茧和中国布都是中国所产"(kauseyam cinapattaska cinabhumija），值得仔细研究，可以发现公元前数世纪印度已经掌握了中国丝绸生产技术，印度一方面生产"中国绸布"（cinapatta）（即张骞所说的"蜀布"），另一方面又使中国丝绸销往古希腊、罗马。昌纳琪亚·考底利耶这句话中的"cinab-humija"（"bhumi"就是"地方/国家"）指的是"出产丝绸的地方/国家"。古希腊人不但从印度买到中国丝绸，也从印度学到称中国为"丝绸之国"（Seres/Serica），古罗马继续以它命名中国。汉朝中国俭省丝绸消费（汉文帝、汉景帝等帝王都不穿华丽丝绸，平民一律不许穿丝绸），却大力把丝绸推往国外市场，使印度权贵及神像都穿上丝绸。埃及艳后克莉奥帕特拉（Cleopatra）七世皮肤稍黑，丝绸服装使她美貌动人，赢得罗马首领安东尼（Antony）的热爱。罗马帝国大量消费丝绸使其财政破产，是它崩溃的原因之一。

与此同时的另外一大国际动态是印度阿育王（Ashoka）向国外传播佛教，开启了全球性的传教运动，大规模开展印度文化与经贸对外交流，推动国际大联通。汉明帝梦"金人"（佛陀），派人去西域欢迎印度高僧，等于响应印度发起的互联通运动。这样就创造了从印度西海岸出发，经阿富汗再到中亚，再从敦煌进入中国的国际大通道，后来波斯与阿拉伯商人积极参与其中，把这一通道延伸到地中海、亚历山大港及欧洲大陆。从这一通道的目的与性质来看，我把它定名为"法宝之路"（用梵文说是"dharmaratna marga"）。印度僧人不带钱,必须依靠商队旅行,因此这条大通道不但传播文化,也开展贸易。"丝绸之路"的名字并不是中印文化的产物,而是 19 世纪一个德国人给命名的,指的就是这条大通道。这样看来,"法宝之路"与"丝绸之路"是一而二、二而一,不可分割的。这"法宝/丝绸之路"主要在欧亚大陆运作,也在海上从印度半岛与锡兰岛经东南亚到达中国海岸。

"在家千日好,出门时时难"是中国一句老话,说明中国两千多年的国际交往是在家迎客多,出外作客少,反映出"安土重迁"的生活方式,缺乏探险精神。郑和下西洋虽是国际壮举,却是偶发事件,不代表中国历史国际交往的一贯作风。古时外国人不远千里来到中国交流,其中许多人来自印度。可以说,古代国际"一带一路"运动的轴心是中印国际大联通。根据《佛祖统纪》(36 卷)记载,326 年,印度高僧慧理(我猜测他的原名可能是"Matiyukta")到了当时毫无名气的"钱塘武林山",道出了"中天竺灵鹫小岭,何年飞来此地?"的感叹。他说的"中天竺"摩揭陀也就是现在印度比哈尔邦,那里确实有座"灵鹫山"(Gṛdhrakūṭa),他说他对那座山十分熟悉,山上有很多猴子是他的朋友,他暗示佛法无边,使这座山飞到钱塘江畔。当地居民将信将疑,他就发出奇怪的喊声,果真一群猴子从山上跳出来到他跟前。当地人信服了,供奉他为师祖,为他建起"灵隐寺"(灵鹫隐居的意思),把"武林山"的名字改为"飞来峰"。由于它们有这段传奇,这"飞来峰"和"灵隐寺"名气越来越大,香客越来越多,经济越来越繁荣,发展成著名的临安城(今杭州),变成南宋的都城,达到"人间天堂"("上有天堂,下有苏杭")的境界。这是一个神话与历史交织的故事,反映出国际大联通,特别是中印交往,大大促进了中国经济与文化发展。

中国典籍中还有一种神奇的"返魂香"。有个"西域"使者向汉武帝献"返魂香",当时长安大瘟疫,这香烧起来使许多人起死回生。古时"西域"主要指印度,印度以生产"香药"(包括烧香用的、使皮肤发出香味的及烹饪用的香料,都可以入药)著称,为出口大宗,中国古代大量进口。古代中国不产香,鼻子也不灵敏,印度"香文化"传来,大大提高了中国文化与生活水平。印度还把制糖技术传授给了中国。中国棉花种植与棉纺织及棉布印染("印花布")与金银线织物("金缕衣")也得益于印度。中国对印度十分感激,称印度为"西天/天竺",为四大印度菩萨(观音Avalokiteśvara,文殊Manjushri,普贤Samantabhadra,地藏Kshitigarbha)建立永久道场(普陀、五台、峨眉、九华)。这些重大历史发展对未来恢复中印大连通、共商共建共享"一带一路"一定能创造地区发展新机遇。

下面来谈第三点:许多国家人民对近现代西方列强推动的强凌弱、众暴寡的国际大联通记忆犹新,世界各国人民如果不明辨是非,容易把它和当今中国"一带一路"倡议混淆起来,那就不好了。因此我们在积极、正面建设"一带一路"相关理论的同时，还应该深刻批判西方世界引领的错误方向。我过去就是研究这方面的，说来话长，但在这里只能长话短说。

近代国际交往由欧洲猛力启动，形成当代海洋挑战、压迫、剥削大陆的世界格局。欧洲在 15 世纪以前相对闭塞，气候寒冷，生产萧条。冬天地上无草，牛马没有饲料，只能把牲口宰杀，腌成咸肉，同时需要大量胡椒。胡椒的产地是印度与东南亚国家（西方称为"Indies"）。阿拉伯商人垄断了采购胡椒供应欧洲的贸易，卖出天价。欧洲人决心开辟不受阿拉伯人中介剥削的"胡椒之路"，于是有葡萄牙人达·伽马（Vasco da Gama）环绕非洲好望角到达印度，以及西班牙人哥伦布（Columbus）按照"地是球形的理论"向西航行而发现美洲新大陆（以为是到了印度，把当地居民叫作"Indians"，即印第安人），就这样开始了所谓的"探险时代"（Age of Exploration）或称"航海时代"（Age of Navigation），是广大世界最为痛恨的"殖民时代"与"帝国主义时代"。

英国不是这个时代的开创者，却是它的主要缔造者。英国的两大措施是发展海军及建立东印度公司。东印度公司的目的是要"把中国和印度的财富洒到英王脚下"。英帝国主义推行两项罪恶贸易：奴隶贸易与鸦片贸易。英国的印度殖民政权设立鸦片部门，名叫"海关食盐鸦片部"（Board of Customs, Salt and Opium），在印度大量生产鸦片运到中国推销，是文明时代历史上唯一的贩毒政府。大英帝国的"勇敢新世界"（Brave New World）毁灭了"法宝之路"与"丝绸之路"，在全球建立"炮舰之路"（现在由美国接管），还开辟了一条"茶叶之路"。英国东印度公司于18世纪在茶叶唯一的出口港广州实行"买家垄断"（monopsony），使茶叶只上英国船先去英国港口纳税，然后运往世界各地卖出黄金价格。波士顿英殖民地人民不堪剥削，发动"茶会"（tea party）抗议，变成美国独立运动的导火线。英国推行的"重商主义"（Mercantilism），突出英国自身发展，拿破仑因此骂它是"商店主民族"（Nation of Shopkeepers）。小小三岛在全世界建立起亚历山大港、纽约、多伦多、温哥华、加尔各答、孟买、新加坡、香港、上海、天津等港口。英国本身是"中心"（center），世界是"边缘"（periphery）。这些英国建立的商埠又变成剥削邻近"边缘"的"次中心"，这样使英国变成"日不落帝国"。如今虽已是明日黄花，但这种沿海商埠剥削内陆的国际格局依然存在，是不公允的现象，应该通过中国提出的"一带一路"倡议予以纠正。

"日不落帝国"的这个"炮舰之路"属于地缘战略范式，一方面使英国本国发展为一枝独秀，另一方面乘人之危，搞"政权变革"（regime change）把主权国变为殖民地。英国强了法国就转弱，英国和德国虽然有皇室亲属关系，却在两次世界大战中进行了你死我活的斗争。英国依此兴盛，这种发展路径也使英国演奏完民族国家"崛起—鼎盛—衰落"三部曲。中国应该认真汲取英国的教训,绝对不要卷入地缘战略范式漩涡,千万别搞出"中心"与"边缘"的对立。

我们从历史上找到今后行动的指南,应该看清在全球推动"一带一路"倡议的复杂性,特别要避免重蹈英帝国主义的覆辙。现在世界经济发展低迷,一贯具有西方优越感的人们也来"吹捧"中国,为中国献策,这可能是好事,也可能不是好事。我看到"光明网"上引了一篇美国文章说:"中国领导人把注意力放在前方的道路上,即现代的'丝绸之路',这个被称为'一带一路'的倡议将是一个由港口、输油管、铁路、工业园和古代海上航道组成的网络。……一个强有力的(中国)政府更有可能带领国家成为全球经济领导者。"我认为这是要把"一带一路"倡议的崇高理想贬低到建设"港口、输油管、铁路"的"民族国家"竞争与对抗的歧途上。西方有心人惧怕中国的发展将终结西方文明对世界的统治,想把领袖欲和超级大国野心灌输到"中国梦"中,使中国发展走进"中国优先"及"三十年河东、三十年河西"的死胡同,毁了中国向前发展前途,我们绝不能让这种阴谋得逞。

最后让我对"一带一路"倡议的亲和性、比邻性与共识性补充几句。我们从历史发展中看到中国长期从国际大联通中受益,一方面对世界各国表示感激,另一方面也热情高涨地在新时代中带头开展"一带一路"倡议,好了别人,也好了自己。"一带一路"倡议归根结底是打造人类命运共同体。自从秦汉时代建立中国命运共同体以来,中国就是走文明康庄大道的"文明国",命运共同体是中国两千多年发展的灵魂,是"一带一路"倡议的基石。它既符合中国的利益,也符合世界各国的利益。人类命运共同体和国际大联通是同一事物的阴阳两面,具有强大的亲和力与吸引力。

"一带一路"倡议的重点在"路"。地球上本来没有路,路是人走出来的。"路"的概念自然而然地把走路的人包括进去了。古人称路为"道"。《老子》说:"道可道,非常道",意思是这"道路"的学问很大,其中有常人难以理解的因素。

古人说:"志同道合",走在"一带一路"倡议中的各国人民,不仅是"同路人",更是"志同道合"的集体。那就把共建"一带一路"的各国人民定位为"同志"了,把"一家亲"的感情灌输到"一带一路"的大集体中了。建立了"一带一路"以后,人们就会进入"你中有我,我中有你"的境界。这就是"一带一路"的亲和性。

唐朝诗人王勃名句"海内存知己,天涯若比邻",启发我们认识到两个距离较远的国家也可以建立"比邻"关系。从宏观来看,"一带一路"倡议是全球性、具有普遍性的。但从微观来看,它是中国和一个个具体他国发展美好的双边关系的总和。一般的、不好不坏的中外关系上是无法建造"一带一路"的,即使建了也是脆弱而不牢固的。换句话说,"一带一路"的建设必须要有"天涯若比邻"的情感,这就是"一带一路"的"比邻性"。事实证明，现在世界上积极响应"一带一路"倡议的国家中，许多都不是中国的邻国，而中国的邻国中却有许多不积极分子。我们认识了"一带一路"的比邻性，就必须重视周边国家，特别是像印度这么庞大、这么重要的邻国。我们绝对不要搞"远交近攻"，绝对不要捡了芝麻而丢了西瓜。要牢牢记住"远亲不如近邻"这句至理名言。

关于"一带一路"的共识性，我已经在本文开始时强调"民心相通"是"一带一路"的"五通"之中最基本的。我们必须建立起与各国"民心相通"的"一带一路"理论，而不是闭门造车在中国本土奢谈。要使"一带一路"成为全球各国的共识，就必须从别国的国情设身处地地探讨"一带一路"的可取性与可行性，帮助别国朋友正确地、积极地对待"一带一路"，把它当作自己的需求，而不是中国的一厢情愿。"一带一路"为的是全人类，应该属于全世界，应该避免突出"中国"的标志。《老子》说："既以为人己愈有"，这是一种高尚的愿景。如果我们本着"既以为人"的精神推行"一带一路"倡议，就会多从世界出发，多为别国着想，多体谅别人的困难，多一份等待的耐心，"一带一路"倡议与人类命运共同体是一定会大功告成的！

2019 年 10 月 1 日

## 目　录

# 国内外质疑"一带一路"倡议的四理分析

近年来,特别是 2018 年以来,随着美国特朗普政府将中国列为战略对手,发起对华贸易战,"一带一路"倡议的国际舆论环境陡然恶化,兼之国内经济下滑,个别大型"一带一路"项目遭遇挫折,国内外质疑"一带一路"倡议之声不断,炒作"一带一路"倡议的债务危机,质疑中国为何将"一带一路"倡议写入《中国共产党章程》……其中有学理、心理、事理、情理的原因。在"一带一路"倡议的推广过程中集中折射了国际社会如何看中国,以及中国人如何认识世界。

## 一、学理:"一带一路"的边界在哪儿?

"'一带一路'与改革开放最大的区别在哪儿?"笔者曾遇到

国内外学者这样的问题。"改革开放是有彼岸的——从计划经济到市场经济；'一带一路'没有彼岸，目标是构建人类命运共同体"，笔者答。

不仅如此，"一带一路"还没有边界！原来说 65 个国家（包括中国），现在说 138 个国家（还有 30 个国际组织）①与中国政府签署了共建"一带一路"合作文件，算上十多个签署共同开发第三方市场的国家；还有签署领域合作协议的国家，如英国与中国签署了"一带一路"投资规则备忘录……这些几乎覆盖了所有 180 个与中国建交的国家②。

"既然都覆盖了，干脆叫全球战略算了！""有没有'一带一路'，区别在哪儿呢？"于是一些人这样抱怨。"'一带一路'的理论是什么？希望我们参与，先讲清楚它是什么，理论根基何在？"在国际场合，笔者也常常被如此问及。这让我想起请外宾吃饭时的尴尬：中国菜太丰富，常常连中文名儿都叫不出来，怎么可能翻译成英文？诸如"夫妻肺片"的英译闹出多少笑话！而外宾则要问清楚是什么才吃，中国人回答是吃了才知道是什么。这种情形也反映到对"一带一路"认知的差异上。

有些人认为"一带一路"不够科学，无法研究，甚至看不起

---

① 与中国签订共建"一带一路"合作文件国家数字来源于中国一带一路网，截至 2020 年 1 月。

② 与中国建交国家数字来源于中华人民共和国外交部网站，截至 2019 年 9 月。参见 http://www.fmpre.gov.cn。

"一带一路"研究者,这种学术氛围限制了"一带一路"学术研究。中国国内学界绝大多数学者还在"德先生、赛先生"上打转,秉承跟政府保持距离的学术理念,有意忽略"一带一路"理论研究,或一窝蜂将原有研究领域(题目)带上"一带一路"帽子而不得其所,滋生"一带一路"学术泡沫现象和学术投机行为。国际学界情形也有类似之处。科学乃分科之学,而"一带一路"彰显中国传统和合文化,是大写意,"道可道,非常道",无法把握;工笔画又太具体,难以进行科学化研究。这导致国际上智库赶时髦谈"一带一路",而学界并未认真研究,成为中国问题研究、政策研究的婢女。

## 二、心理:宁可信其无不可信其有

除学理原因,心理原因也很重要。国内外质疑"一带一路"的心理也是千奇百怪。笔者总结如下:

中国百姓之问:谁来埋单?

一问(撒钱):是不是对外撒钱?

二问(扩张):是不是过度扩张?

三问(风险):如何应对各种风险?

西方之问:发展导向全球化 vs.规则导向全球化?

四问(性质):是中国版"马歇尔计划"?

五问(后果):是否制造债务危机?

六问(动机)：是否挑战国际规则?

七问(属性)：是中国的WTO?

共建"一带一路"国家之问：既患寡亦患不均?

八问(关系)：是否破坏环境?

九问(效应)：是否导致分化?

十问(未来)：是否造成对华战略依附?

有的质疑甚至伴有唱衰"一带一路"的话外音,除了认知水平未跟上新时代,还用单一学科和过去经验来分析"一带一路",以偏概全外,展示出各种唱衰者的灰暗心理,有代表性的如下：

1.医生心理

"以一种聪明的方式应用盖伦的策略,就是预言最坏的结果……如果病人死了,医生的预言就得到了验证;如果病人康复了,医生就仿佛创造了奇迹。"洛伊斯·N.玛格纳(Lois N. Magner)《医学史》中这句话,揭示了不少唱衰"一带一路"的学者心理：利用吃瓜群众的担忧,高唱"一带一路"危机论,引人注目,显示自己高明。

2.算卦心理

利用"一带一路"建设机遇与风险并存心理,算中显得高明,算不中是说你侥幸。美国学者加尔布雷思有句名言："人类永恒的愚蠢是将莫名其妙的担忧等同于智力超群。"这种算卦心理铸就了一些人的虚荣心,十分虚伪。

### 3.士大夫心理

持这种心理的人指点"一带一路"时,显示自己冷静、理性,不惜辱称宣扬"一带一路"正能量之士为"鼓吹手",俨然站在道义制高点。老百姓拿这些人与历史人物比,而他们则通过移情法,混淆视听。

### 4."酸葡萄"心理

自己国家没有中国那样集中力量办大事的能力,自己没有跨学科研究"一带一路"能力,于是小题大做唱衰"一带一路",显示自己不参加"一带一路"是正确的,或自我安抚不屑于研究"一带一路",其实很想沾上"一带一路"提升自己的价值。

### 5.殖民心理

一些人迄今仍带着殖民烙印与鸦片战争情结,不相信中国能搞成"一带一路",质问说:"二战结束时美国实力如此超群才在23个西(南)欧国家搞了个'马歇尔计划',中国有几个子儿,能帮64个国家搞经济?"推而及之,甚至对中国人带有种族主义歧视,希望中国继续并且永远韬光养晦。更有学者宣称:美国都在韬光养晦,中国为何对外撒钱?!还有些外国人以殖民体系为参照,散播"一带一路"是"新殖民主义"的谬论。

### 6.看笑话心理

一些对华不友好的人巴不得"一带一路"搞不成。如果出了事故,正好安抚他们的阴暗心理。可以说,这些人对"一带一路"

建设抱有看热闹的心态，唯恐不出问题。

7.嫉妒心理

嫉妒那些研究"一带一路"而抛头露面的人，后悔自己下手晚了又于事无补，只能唱衰、攻击相关人和事，发泄沮丧。当然，其中不乏弗洛伊德说的童年记忆，以历史上的伊斯兰威胁宣称"一带一路"形成"绿祸"，造成"新五胡乱华"。

当然，要区分善意提醒、客观分析与唱衰，不给质疑者扣帽子。大凡看好中国前途的就看好"一带一路"，反之对中国没信心，用熟悉的西方为参照系的，往往看衰"一带一路"。当然，"看衰"上升到"唱衰"，还有个过程。沙祖康大使于是感慨："对'一带一路'研究不好，有可能成为绞杀中国外交的'两根绳索'。"①

"智者指月，愚者见指不见月。"习近平主席提出的"一带一路"倡议背后，承载的是人类命运共同体理念，这是"月"，一些人只看到"指"，用一些现实的困难和莫可名状的担忧，吓唬别人，安抚自己。

种种言论还停留在"改革开放主要向美国开放"的阶段，美国没表态，缺乏主心骨，唯恐引发与美国的冲突；美国一反对，即跟风反"一带一路"，在中美贸易战背景下加紧唱衰"一带一路"，甚至认为从盯着西方发达国家到跟穷国混，开放的档次降

---

① 《凤凰大参考》2017 年 7 月 18 日。

低了。这种心理,国内有,国际上也有,宁可相信美国,不相信中国;宁可相信"一带一路"出事儿,不相信其成果,不相信将来会成功!

### 三、事理:"一带一路"倡议的"哈姆雷特"魅力

对于"一带一路"倡议这样的新生事物,对于中国主动提出如此宏大的倡议,国内外研究者缺乏足够的敏锐性,还囿于旧思维范式,脱离生动活泼的实践,跟不上形势,许多对"一带一路"倡议的质疑源于不明事理,缺乏实践出真知的素养,缺乏跨学科研究的训练,靠老本行评判"一带一路"倡议:研究经济贸易的把"一带一路"倡议说成是经贸之路;研究历史文化的把"一带一路"倡议说成是复兴丝绸之路;研究国际关系的把"一带一路"倡议说成地缘政治扩张或中国的大战略习惯;跟政府保持距离的学者指责"一带一路"倡议暗箱操作、不透明,因为自己摸不着门儿。

"一千个读者眼中就会有一千个哈姆雷特。"这句名言提示我们,一千个人眼中,就会有一千个"一带一路"。"一带一路"倡议已经被误读,也不足为奇。因为国际社会本身对中国缺乏了解,中国历史上还没有成为过真正的全球国家,历史上如此宏大国际合作倡议由发展中国家提出来,国际社会对其不理解、不了解也属正常。

对"一带一路"的误解也折射出对中国的误解、对时代的误解。凡是喜欢中国、信任中国的，就积极评价、争前恐后参与"一带一路"；凡是不喜欢中国的、不信任中国的，就质疑、诋毁"一带一路"。这样，"一带一路"集中在检验"三观"：中国观、世界观（时代观）、西方观（自身观）；如何看"一带一路"成为如何看中国、如何看世界、如何看自己的写照。

拉脱维亚拉中友好协会主席波塔普金 2016 年 5 月 19 日在中欧政党高层论坛上感慨："历史上从未见过如此宏大的合作倡议，超出我们欧洲人的想象。"的确，缺乏参照系，"一带一路"故常被称为"中国的新丝绸之路"或"中国的'马歇尔计划'"。

"丝绸之路"是德国人李希霍芬提出的概念，为德国从欧亚大陆进行扩张寻找合法性，带有地缘政治的烙印。因此，中国没有用"新丝绸之路"的提法，不仅是尊重德国人的知识产权，也避免与美国的新丝绸之路战略（2011 年）混淆。也因此，"一带一路"写进《中国共产党章程》而非《中华人民共和国宪法》，因为它只是中国提出的一个"倡议"，尽管中国国内有学者称其为"战略"——与京津冀协同发展、长江经济带等一道称为新时代的改革开放战略，但我们不能强迫国际接纳，而是强调（发展）战略对接，共商共建共享。

## 四、情理:"一带一路"倡议为何被有意误读?

现在已是信息时代地球村了,为何还如此隔阂?! 不了解不可怕,可怕的是有意误解。"一带一路"为何被有意误解?

这首先源于对中国的误解。其中包括三个层面:在温和层面是质疑中国意图;在中间层面是认定中国正走我们过去的道路——指责中国在非洲搞新殖民主义、在拉美搞新帝国主义是典型例子;在极端层面是"逢中必反",即凡是中国的,对的也不对。

反过来,对中国误解,集中体现在对"一带一路"倡议的误解上。

其次源于对时代的误解:总是习惯于从历史经验看新生事物——认为"一带一路"倡议是复兴古丝绸之路,而且历史也是选择性记忆,是自己的历史经验,而非中国的或世界本身。其实,"一带一路"倡议是从后天看明天,而非从昨天看明天,复兴的古丝路精神——和平合作、开放包容、互学互鉴、互利共赢,升华到构建人类命运共同体的未来高度。

中国国内也存在这种倾向。"一带一路"建设是做乘法而非加法,国人却总把"一带一路"建设当作"做加法":原来不重视欧亚大陆这些国家,现在关注了,就是响应"一带一路"倡议。其实,"一带一路"建设是"做乘法"——天上、网上互联互通是关键，正在织网、布局、造势：陆海空、天电网、人机交互、万物互联，而不要望文生义——一带（陆上）、一路（海上）。

再次源于自以为是：推己及人可以理解，但以小人之心度君子之腹也是常见的。不自觉地把旧逻辑套在中国头上，认为"一带一路"倡议是中国的"权力游戏"，符合国强必霸的逻辑。①近代以来，中国人拜西方为师，往往也不自觉地落入其思维窠臼，比如特朗普对中国发起贸易战，舆论就喊停"一带一路"建设，理由是"缓称王"——"一带一路"倡议本身不是称王称霸的战略，何来"缓称王"一说?! 有学者将"一带一路"倡议说成中国要当世界领袖，引发不少精英和民众的"喝彩"；②有学者根据保罗·肯尼迪《大国的兴衰》逻辑，把"一带一路"倡议说成是中国在"战略透支"（outstretch），将老年人用力过猛折了腰与青年人锻炼过度混为一谈。③

因为共建"一带一路"国家精英多受西式教育，对"一带一路"倡议不少关切与西方类似：在中美冲突、环境与劳工标准、政府采购、社会责任、腐败、债务、透明度等问题上对"一带一路"倡议发难，质疑中国意图，且具有浓厚的受害者情结和弱者

---

① 比如，美国智库"新美国安全研究中心"（CNAS）亚太安全项目发布了名为《权力的游戏：应对中国"一带一路"战略》的报告。

② 比如，中共中央党校罗建波教授的文章《老百姓还没温饱，当什么世界领袖?》。

③ 时殷弘：《传统中国经验与当今中国实践：战略调整、战略透支和伟大复兴问题》，《外交评论（外交学院学报）》2015年第6期。

心态。一方面,部分国外政界与学界人士将"一带一路"简单当作中国国内政策的延续,即为解决国内问题而配套的外交战略,如转移过剩产能、倾销国内商品等;另一方面,也将其看作是中国试图改变现有地区和国际秩序、获得地区和全球主导权的国家战略,即中国试图改写国际规则。

从认识论探究,"一带一路"的认知悖论有:

先验论 vs.实践论:秉持先验论的西方人,尤其是德国人,先定规矩再干活,很难认同中国的实践理性——在发展中规范,在规范中发展,不理解、不认可"一带一路"是以点带线、从线到片,逐步形成区域合作的大格局。

线性论 vs.辩证论:自下而上(Button-up)或自上而下(Top-down)"一带一路"建设和改革开放一样,要统筹摸着石头过河、顶层设计,自上而下、自下而上,无法统筹时先易后难,既要强调高标准又要因地制宜,这与西方线性思维、一根筋态度不一样。

统一论 vs.阶段论:国内都不开放——外汇管制、新闻管制,有什么资格说"一带一路"是开放包容的? 混淆国内外差异,比如开放包容的不同内涵,且忽视了发展阶段差异:共建"一带一路"国家比中国发展阶段低,当然可以讲开放包容。

时机论 vs.天命论:国内外质疑"一带一路"倡议是否提早了,质疑中国准备好了没有? 中国人笃信天命,不存在等什么都准备好了才干。

硬实力论 vs.软实力论：国内外质疑中国搞"一带一路"建设软实力跟不上？其实软实力也是干出来的！

"一带一路"建设是生产方式、生活方式、思维方式的融合，考验世人的中国观、西方观、世界观这"三观"！讲好"一带一路"故事，也是调整其"三观"的过程；种种有意误解，也就在情理之中。事实上，"一带一路"建设初期，合作内容多为大型基建项目，国内外私企无法与中国国企竞争，因此抱怨较多；中国产业链最独立且完整，国外产业链布局往往是一条龙全吃光，因此挤掉发达国家市场，导致"一带一路"挑战国际秩序之声频起；而得益者不说，获益少的哇哇叫，出现沉默的多数现象，质疑"一带一路"源于"动奶酪"、破结构、冲秩序。个别项目在环境、劳工等方面存在问题，不守规矩，卷入当地腐败案件，没有做到既合情又合理还合法，一粒老鼠屎坏了一锅粥，也助长了国内外怀疑声。

正如永远都无法叫醒一个装睡的人那样，纵使尽了全部努力，或许也无法改变部分怀有敌意的国际舆论对"一带一路"倡议的刻板印象。对此，不妨坦然面对，做好充分的心理准备。

## 五、"一带一路"倡议的自信与自觉

"'一带一路'是伟大的事业，需要伟大的实践。"习近平主席在首届"一带一路"国际合作高峰论坛上发表主旨演讲时讲的这句话，提示我们要以高度的自信与自觉建设"一带一路"。因此，"一带一路"倡议的魅力就是中华文明魅力、中国现代化魅力及中国改革开放魅力的全面展示。建设"一带一路"的自信是国内"四个自信"的国外延伸。

"一带一路"倡议有助于实现联合国2030年可持续发展议程，凸显了中国道路的世界意义。无论从硬实力还是软实力看，我们应自信地建设"一带一路"，服务于中华民族伟大复兴的中国梦和人类命运共同体建设；自觉抵制各种唱衰"一带一路"论，自觉践行"丝路精神"，自觉以"一带一路"统筹各项事业，以"一带一路"深化互利共赢开放战略，推进形成更加宽广多元的对外开放格局，积极维护多边贸易体制主渠道地位，促进国际贸易和投资自由化、便利化，反对一切形式的保护主义，推动构建开放型世界经济。

2018年8月27日，在推进"一带一路"建设工作5周年座谈会上，习近平强调，当今世界正处于大发展大变革大调整时期，我们要具备战略眼光，树立全球视野，既要有风险忧患意识，又要有历史机遇意识，努力在这场百年未有之大变局中把握航向。以共建"一带一路"为实践平台推动构建人类命运共同体，这是从我国改革开放和长远发展出发提出来的，也符合中华民族历来秉持的天下大同理念，符合中国人"怀柔远人、和谐万邦"的天下观,占据了国际道义制高点。共建"一带一路"不仅是经济合作,而且是完善全球发展模式和全球治理、推进经济全球化健康发展的重要途径。

习近平还指出:"我们前所未有地靠近世界舞台中心,前所未有地接近实现中华民族伟大复兴的目标,前所未有地具有实现这个目标的能力和信心。"同时清醒地认识到,我们仍处于社会主义初级阶段,"一带一路"建设也处于初级阶段,我们要本着有则改之无则加勉心态,客观、理性看待国内外质疑"一带一路"言论,推动共商共建共享"一带一路"大势,宁静而致远。

## 六、结论与启示

"一带一路"倡议是面对"世界百年未有之大变局"而提出的国际合作倡议,不仅承载着古丝绸之路的光荣与梦想、中华民族伟大复兴的百年大计,而且正成为世界各国应对不确定性挑战、实现各自发展战略和追求美好世界秩序的共同探索,必须站在这一时空背景下探讨"一带一路"倡议的成就与前景。

近代以来,恐怕还没有哪个倡议能像"一带一路"那样,在如此短的时间内吸引到如此多的国家参与,能引起如此广泛的国际反响。在中国历史上自不必说,可能在人类历史上也是如此。对"一带一路"倡议的质疑和非议,也因此产生。

近代以来,中国解决的是中国问题:民族独立、国家富强。

改革开放后着手解决发生在中国的世界问题:七亿人脱贫致富,占联合国脱贫贡献的七成。进入新时代,中国越来越着力于解决人类问题:可持续发展问题、人民对美好生活的向往问题等。而"一带一路"是新时代中国与世界关系的典型标志,正以"和平之路""繁荣之路""开放之路""创新之路""文明之路"这"五路"逐步消除世界"三大赤字",即和平赤字、发展赤字、治理赤字。在短短几年时间里,一百六十多个国家和国际组织参与其中,与中国签署共建"一带一路"合作备忘录,成果和进展远超预期。

"一带一路"被誉为当今世界规模最大的国际合作平台和最受欢迎的国际公共产品,其含义也有狭义与广义之分。狭义的"一带一路"是指,《愿景与行动》等文件界定的"欧亚大陆互联互通合作倡议",即所谓的 65 个国家(包括中国)。广义的"一带一路"则是建设新型国际关系、新型全球化、新型全球治理的合作倡议,是人类命运共同体实践的平台。

因此,"一带一路"可谓"有核无边",根植于历史,但面向未来;源于中国而属于世界,传古丝路精神——和平合作、开放包容、互学互鉴、互利共赢,载互联互通梦想,探索构建人类命运共同体之道。正因为"一带一路观"集中折射了中国观、世界观、时代观,误解、误读和误判将伴随着"一带一路"建设。要画好工笔画,就要淡化其名,重其实——互联互通。不同于其他地区和国家的互联互通战略，要么局限于硬-软联通之分(东盟)，要么强调高标准、一刀切(欧盟)，要么排他性安排(美国)，"一带一路"倡议倡导政策沟通、设施联通、贸易畅通、资金融通、民心相通"五通"，秉承共商共建共享原则，服务于构建人类命运共同体，这是其无论如何遭误解、打压、唱衰而始终被看好的源泉。

2016年8月17日，习近平在推进"一带一路"建设工作座谈会上强调，加强"一带一路"建设学术研究、理论支撑、话语体系建设。种种对"一带一路"倡议的质疑，只是百年未有之大变局的折射。我们要保持战略定律，在"一带一路"建设从大写意到工笔画进程中，从"政治外宣语言"转化为"国际规则语言"乃至"国际法语言"，推动民心相通从情感到理智迈进，倡导打通东西南北、古今中外，超越分科之学的"一带一路学"，推动"一带一路"建设从共商共建共享到共研的飞跃，推进"一带一路学"进入国内外学科体系，打造全球关系理论，超越中国特色国际关系理论或中国学派（中华学派）——这些还在西方横版上拼图，易落入天下体系的复古窠臼——将丝路文明创造性转化、创新性发展，打造人类命运共同体学，开创人类新文明。

本书有针对性地分析了对"一带一路"倡议的国内之问、西方之问及共建"一带一路"国家之问。

# 篇一

百姓之问：
谁来埋单？

# "一带一路"的国内认知误区

"一带一路"倡议刚刚提出后,存在"内热外冷"的现象:国内热,沿线内陆省份纷纷将其作为经济发展的大机遇;而"一带一路"沿线国家冷热不一,多半只是感兴趣,又苦于不知"一带一路"倡议是什么、怎么做,普遍指望从中国那里拿好处。笔者多年来赴共建国家调研,参加中国企业五百强峰会,对此感受颇深。要克服这种内热外冷现象,首先必须减少国内种种认知误区。

## 一、"一带一路"≠走出去

绝大多数企业将"一带一路"等同于"走出去",把走出去的目标集中在沿线 64 个国家上。其实,"一带一路"不只是产品、企业、投资走出去,服务、标准也应走出去,而且还要"走进去"——关键是产能、服务要走进去,走进"一带一路"沿线 64 个国家。"一带一路"也非转移所谓的过剩产能,本质上是国际产能合作,从"中国

制造"(made in China)到"中国建造"(built by China)。原来我们想
法子把西方发达国家的技术、规则实现中国化，现在是将中国技
术、规则当地化，将中国企业内化为"一带一路"沿线国家的企业，
比如华为手机将来是"欧洲生产、欧洲消费"，"中亚生产、中亚消
费"……不少沿线国家尚没有形成完善的法律规范，我们还要帮
助当地立法或制定行业标准，更好实施法律对接、标准对接。

## 二、"一带一路 +"≠"+ 一带一路"

国内有将"长江经济带 + 一带一路"的错误认识，变成所谓
的"两带一路"，也有所谓"互联网 + 一带一路"的提法，其实"一
带一路"的关键词是互联互通，已经包含互联网，是信息丝绸之
路。以政策沟通、设施联通、贸易畅通、资金融通、民心相通等
"五通"所代表的互联互通，各环节都渗透了"互联网 +"。建设
"一带一路"，一定要体现"一带一路 +"思想——以"一带一路"
改变我们的世界观与方法论，而非"+ 一带一路"——顶着"一带
一路"的帽子，该做什么还是做什么。

## 三、"一带一路"≠ 中国全方位开放

"一带一路"并非新开放战略，而是构成了中国全方位对外
开放的战略新格局和周边外交战略新框架。"一带一路"翻开了
中国对外开放战略历史新篇章。从开放的内涵上来讲："引进

来"转向"走出去"，"引进来"和"走出去"更好结合，培育参与和引领国际经济合作竞争新优势，以开放促改革；从开放的广度上来讲：为发展中国西部地区，实施向西、向南开放的战略，形成全方位开放新格局；从开放的深度上来讲，顺应世界区域经济一体化发展趋势，以周边为基础加快实施自由贸易区战略，实现商品、资本和劳动力的自由流动。"一带一路"与四个自贸区、长江经济带、京津冀协同发展等一同构成中国全方位开放格局，因此不能简单地与中国新开放战略画等号。

## 四、"一带一路"≠合作倡议

虽然我们为了怕引发外界猜疑，不用"'一带一路'战略"的提法，改用"'一带一路'倡议"，但"一带一路"还真的不只是倡议，而是实实在在的发展战略，正如习近平主席强调的："'一带一路'建设不是空洞的口号，而是看得见、摸得着的实际举措，将给地区国家带来实实在在的利益。"[①]"一带一路"还是中国提供给国际社会的国际公共产品。

## 五、"一带一路"≠对外援助

许多人将"一带一路"当作对外投资或援助，担心四处撒钱

[①] 《迈向命运共同体 开创亚洲新未来——习近平出席博鳌亚洲论坛2015年年会开幕式并发表主旨演讲》，《人民日报》2015年3月29日。

是否划算，是否会引发债务危机，毕竟中国还是最大的发展中国家，国内还有许多要用钱的地方：扶贫、设施改造等。其实，"一带一路"并非对外援助，其提出从国内背景说，是为了解决改革开放两大问题：解决发展模式的不可持续性问题，以及全球化效应递减问题，因此也标志着中国从融入到塑造全球化，从向世界开放到世界向中国开放的态势转变。

从国际背景说，是中国塑造欧亚一体化，巩固大周边依托，推进贸易投资便利化，深化经济技术合作，建立自由贸易区，最终形成欧亚大市场。同时也表明美式全球化一是"玩不动"：全球范围的全球化难在区域性合作安排成为主流。世界贸易组织（简称世贸组织，WTO）的衰落与（R/B）FTA、BIT 的兴起就是明证。二是"不想玩"：TPP+TTIP=EBC（everyone but China），指责中国"搭便车"就是典型表现。当然，更直接的原因是全球金融危机导致西方购买"中国制造"的能力急剧下降所导致的中国产能过剩。金融危机爆发迫使中国发掘"一带一路"新市场，转移优质富裕产能。"一带一路"的市场机遇正在于人口与产出的巨大反差——63% vs. 29%："一带一路"沿线 64 个国家占世界总人口的 63%，产出却只占世界的 29%，而中国国内生产总值超过沿线国家总和的一半，是 128 个国家的第一大贸易伙伴，因此能够玩转"一带一路"。

# 一问（撒钱）：
## "一带一路"倡议是不是对外撒钱？

为什么巴基斯坦、孟加拉国都从"一带一路"中获得了四五百亿美元投资，而同样友好的邻居尼泊尔却从中国拿不到什么项目呢？2017 年 1 月在加德满都召开的中尼智库对话会上，尼各党派都不约而同地这样抱怨。国内则有另一番疑惑：国内经济面临下行压力，要用钱的地方很多，为何要去做"一带一路"这些高风险国家投资？投资"一带一路"会不会打水漂，无法实现经济收益？

看来，国内外对"一带一路"都存在不同程度的误解，要么把它当作对外援助，要么把它视为对外撒钱，担心是否引发债务危机，毕竟国内还有许多要用钱的地方：精准扶贫、设施改造等。其实，"一带一路"并非对外援助，其提出从国内背景说，是为了解决改革开放两大问题：解决发展模式的不可持续性问题，以及全球化效应递减问题，因此也标志着中国从融入到塑造全球化、从向世界开放到世界向中国开放的态势转变；从国际背景说，是中国塑造欧亚一体化，巩固大周边依托，推进贸易投资便利化、深化经济技术合作，建立自由贸易区，最终形成欧亚大市场。

"一带一路"也并非简单的中国对外投资。中国经济增长模式正从出口、引资驱动向投资、创新转型，争取产业、行业标准、国际话语权日显重要。"一带一路"建设充分彰显我国有企业优势及制度优势，正推动中国从靠拼劳动力、资源、资本、技术优势向标准、话语权、发展模式及创新优势转化。印尼雅万高铁之所以中方击败日方胜出，就在于中方绕开了印尼方政府担保的前提，背后都是中国国有银行的支持。中国模式在非洲正大显身手，非洲第一条中国标准跨国电气化铁路，从设计、施工到运营，全都采用了中国模式。肯尼亚的蒙内铁路和蒙巴萨港口建设也是如此。

资金从哪里来？基础设施互联互通资金缺口巨大。据《超级版图》一书预测，未来四十年人类基础设施投入超过过去的四千年！因为发达国家基础设施要升级换代，比如要建信息港、数字通关、智能电网、智慧城市等，而发展中国家普遍面临基础设施短板困扰。"一带一路"建设靠中国一家投资是不现实的，必须采取全球融资方式，创新融资模式，公私合营 PPP 模式因此受到青睐。看到基础设施巨大投资缺口就担心中国去学雷锋、做冤大头,把钱投给"一带一路"项目,大概是本能的反应。

资金往哪里投?投资美日发达国家,固然风险少,但面临投资设限的障碍,长远收益不及"一带一路"沿线国家,风险与收益成正比,着眼发展潜力,占有未来市场,就要投资"一带一路"沿线国家。这些国家普遍处于中国改革开放初期水平,十分看重中国工业化、城镇化经验。中国的技术市场化能力超强,最能发挥中国投资"一带一路"沿线国家的潜力。电车、汽车都不是美国人的发明,但美国人把欧洲人的发明用到了极致;今天,中国也把高铁、互联网等并非中国的发明用到了极致,将来国际高铁标准、5G 标准相当程度就是中国标准或中国标准占据重要分量。投资"一带一路"沿线国家和基础设施项目、能源及港口等国计民生工程,有助于增强沿线国家战略经济依赖,形成命运共同体,摆脱对西方的依赖。

"一带一路"着眼于"五通",即以资金、技术优势制定标准:①产业标准——新基础设施(如 5G 技术),②大宗商品定价权——能源管道,③国际投资、贸易规则——C–WTO,E–WTO(从商业领域到电子商务领域的世贸规则)。在此基础上,推进不断深化与"一带一路"沿线国家标准化双多边合作和互联互通,大力推进中国标准"走出去",提升中国在全球分工体系中的地位。"一带一路"建设也是中国反对保护主义、在全方位开放中进一步推动投资便利化、打造开放共赢的合作模式、建设包容性全球化、提升中国国际话语权的重要举措。因此，"一带一路"建设要算战略账、政治账，而不只是经济账。

面对外国政府更迭频繁、信用缺失，老百姓担心"一带一路"经济效益与安全风险，这完全可以理解。但是评估"一带一路"收益，不能就事论事，要看长远、全局，看关键环节，考虑到大国投资基础设施的历史惯例。再者说，规模效应也需要时间积累，比如中欧班列，存在回程空车问题，这是规模不够的问题。

的确，"一带一路"有关投资合作项目，特别是部分基础设施项目投入资金大、建设周期长、成本回收慢，但从长远看，对提升区域基础设施互联互通水平、造福沿线各国人民具有重大而深远的意义。项目也要有所区分，是战略性项目、政策性项目还是商业项目？战略性项目是国家担保的，如中巴经济走廊服务于中亚和新疆地区进入印度洋的战略目标，本身是不以赚钱为目标的；政策性项目多为示范工程，如雅万高铁，是国企担保项目，服务于赢得一亿印尼人人心，不能简单以赚钱与否来衡量其价值；而剩余的商业性项目则本身是按照市场原则办的，是赚钱的。部分项目出问题、被耽误，从长远和整体看也是在试错，为其他项目和后期项目做铺垫。

总之，遵循"企业主体、市场运作、国际惯例、政府引导"

原则,秉持共商共建共享理念,"一带一路"建设不是对外撒钱,而是新的长征,是中国在沿线国家的宣言书、宣传队、播种机,将中国与有关国家的合作与友谊、拓展与深化,极大提升中国制造、中国营造、中国规划的能力与信誉,提升中国威望。就其地缘经济与战略效应而言,堪称"第二次地理大发现",正在重塑人类文明史与全球化话语权,体现中国崛起后的天下担当。

# 二问（扩张）：
## "一带一路"倡议是不是过度扩张？

中国有多大能耐，能带动那么多国家发展？"一带一路"是否导致中国过度扩张，使其陷入大国兴衰律？

其实，历史上又有哪个国家是准备好了的？看来，以辩证思维理解和推进至关重要，国内外的质疑和不解多源于未能准确把握"一带一路"的辩证法。

### 一、虚与实："一带一路"既是山水画也是油画

一些西方人用习惯看油画的心态质疑"一带一路"倡议，认为它缺乏清晰的内涵、路线图，其实"一带一路"不是简单的倡议，是愿景和行动的结合，是内外发展的结合。因为"一带一路"建设不是空洞的口号，而是看得见、摸得着的实际举措，将给共建国家带去实实在在的利益。因此，对外讲"一带一路"既要注

重写意，也要兼顾写实：对世界与地区大国、文明古国可以宏大叙事，着眼长远，激励文明的共同复兴；对小国、弱国则注意细节，多讲"一带一路"给当地、当下带来的好处。

## 二、冲突与融合：文明的断裂带也是文明融合带

尽管"一带一路"涉及的很多经济体处在欧亚大陆文明断裂带，但是在断裂之外我们也应看到文明的融合。比如阿富汗，处在布热津斯基《大棋局》一书所描绘的文明断裂带上，但我们也看到伊斯兰教、佛教并存的现象，巴米扬大佛就是活生生的例证。因此，建设"一带一路"要树立辩证思维，既要看到风险虽然不可避免，但是机遇也切实存在；既要看到文化、语言的隔阂，比如中国与许多邻国彼此间心理距离远大于沿线国家与西方距离，也要看到民心相通存在千年之久，共同的历史记忆随处可见。建设"一带一路"要抓住欧洲，就是因为沿线许多国家是欧洲前殖民地，中国在与西化世界打交道。走出近代、告别西方，不只是中国话语权建设的任务，也是"一带一路"强调的"五通"中"民心相通"的任务。

## 三、供给与需求：信息对称的供需革命——需求创造供给

建设"一带一路"，既有中国产能过剩的客观需要，也有共建

国家对中国优质富余产能的渴求，故此形成国际产能合作与装备制造合作机遇，其中更多的还是共建国家发展的客观需要。"一带一路"共建国家的产出与其人口在世界上的比例严重不匹配，前者才是后者的一半，故此才对中国的"一带一路"倡议如此欢迎。

## 四、机遇与风险：机遇中蕴含着风险，风险中包含机遇

"一带一路"是中国的"马歇尔计划"？一些中国学者很早就这么说了。但是他们说的时候是想表明中国提供国际合作公共产品的机遇，而其他国家可能感受到中国经济扩张乃至军事扩张的威胁。这就需要我们建立"一带一路"的样板房、示范区，形成"抓住中国机遇，早得益；杜撰中国威胁，早受累"的景象。讲"一带一路"不可把机遇讲得太满、太多，一定要客观、冷静分析风险，否则对方会质疑"too good to be true?"（有这么好吗？）正因为有风险在，更需要共商共建共享。主动讲问题和风险，体现了中国人的自信。

## 五、中国的与世界的：源于中国而属于世界

"一带一路"是中国的，还是世界的？这是不少人的疑问，包括中国人自己都开口闭口讲中国的"一带一路"。其实，开放与包容兼收并蓄、融会贯通，这是中国崛起的秘诀，也是"一带一路"建设的要旨。"一带一路"倡议虽源于中国，但它却属于世

界。它既是中国道路的体现：基础设施＋教育（要致富，先修路；要快富，修高速；再穷不能穷教育，不把贫困传给下一代），也在帮助实现联合国2030年可持续发展议程。比如，世界九亿多人生活在没有通电的环境中，光印度就有三亿多。中国已全部通电，国家电网长距离、特高压输电网能力世界最强，实现成本最小化，推动人类共同现代化。北斗导航系统2020年实现全球覆盖，不像全球定位系统（GPS）限制众多，更有利于发展中国家远程教育、扫除文盲、脱贫致富。概而言之，信息和通信技术业务（Information and Communication Technology，ICT）帮助落后国家实现"变道超车"。

## 六、市场与政府：政府推动、企业主体、市场化运作，是"一带一路"建设的思路

让市场起决定性作用，这一判断也适合"一带一路"建设。完全靠政府，一是让人家觉得这是战略，二是不可持续、风险极大。因此应该通过政府服务，让企业，尤其是公私合营企业，成为"一带一路"的主体，通过市场化运作，符合国际规则，才能打消国际疑虑，更好地与其他合作架构、发展规划对接。国有企业开始在各类企业中起主要作用，但在市场化程度较高的国家，就要注意反倾销、反补贴的问题，因为绝大多数共建"一带一路"国家是WTO成员。

## 七、取与予：多予少取乃正确的义利观

"一带一路"沿线国家的经济总量占世界的 29%，而人口占 63%，换言之，其多为发展中国家，一方面潜力大，另一方面要求我们先予后取、多予少取，甚至要转让技术。在联合国 2030 年可持续发展议程框架下帮助他们脱贫致富，这是建设"一带一路"应树立的一般心态。毕竟，"一带一路"是百年工程，要从改革开放前阶段的"互利双赢"向"合作共赢"的思维转变，利我与利他结合、双边与多边结合、取与予结合，既要授人以鱼，也要授人以渔，只有这样才能延伸国内市场，建设欧亚非大市场。

## 八、知与行：知行合一

共商共建共享是"一带一路"建设的原则。但这不能停留在口头上，而要落实到具体行动中。如何在"一带一路"建设中贯彻"知行合一"的理念？这是巨大考验。尤其是许多国内企业、地方团体借助"一带一路"一窝蜂走出去，可能败坏"一带一路"的声誉，违反"丝路精神"。与此同时，中国还要帮助共建国家做到"知行合一"，更好与中国模式对接。这就更难了。

## 九、干与学：干中学，学中干

中国是学习型大国。"一带一路"是干中学，学中干。中国受

益于西方的工业化,有责任把学到的东西跟周边发展中国家分享,所以"一带一路"也是学习效益的体现。共商共建共享原则也让中国与沿线国家的共同学习成为常态,甚至要共同摸着石头过河,探索合作新途径,解决建设中面临的各种问题,开创21世纪地区与国际合作新模式。

## 十、地方与中央：地方(城市)和国家的创新合作

地方还是中央？这本不是个问题,直观看来,地方与中央同时发力才给建设"一带一路"带来双引擎。但在国内,地方竞争是常态,这也带来了国内"一带一路"热,但共建"一带一路"国家政治体制不一,地方与中央关系同样重要。"一带一路"的合作机制主要可以在地区国别和专业领域两个方面展开。地方政府、城市如何参与"一带一路"？成都—罗兹之间蓉欧铁路的交流合作,为城市如何进行外事外交树立了榜样。中国台湾也能从能源、物流等领域着手,通过进行两岸合作,带动更广泛的东亚地区合作。过去,中国企业走出去重视与对方政府打交道,不够重视社会层面沟通,与当地的非政府组织打交道缺乏经验。如今"一带一路"要接地气,要让"中国制造""中国建造""中国服务"等飞入"一带一路"寻常百姓家,从全球化向本土化转变。

# 三问（风险）：
## 如何规避"一带一路"建设中的潜在风险？

法国历史学家托克维尔曾精辟地分析过大国与小国的不同。他极具洞见地指出："小国的目标是国民自由、富足、幸福地生活，而大国则注定要创造伟大和永恒，同时也要承担责任与痛苦。"

伟大的事业总是面临风险。"一带一路"建设要克服的风险可能并非前无古人，也未必后无来者，但在当代首屈一指。

一

"一带一路"建设为什么会面临风险？面临哪些风险？

首先，"一带一路"建设中多是基础设施大项目，投资周期长，资金量大，运行、维护不易。

这样看来，"一带一路"涉及的领域、地域都很庞大，正如当年欧洲人走向海洋一样,存在风险评估与规避的问题。

从国外来说,"一带一路"倡议内容本身有限,但其影响无限。"一带一路"强调的"五通"紧密联系着中国人民和世界人民,促使中华文明和世界各文明间前所未有的大发展、大融合、大变革。

"一带一路"既容易被参与者和支持者误解,也容易被反对者和破坏者歪曲。

从国内来说,"一带一路"倡议虽然不是国内深化改革的外延,但却需要它来支撑。我国国内还存在许多破坏"一带一路"建设的势力和危害"一带一路"建设的问题。我们也缺乏经验。"一带一路"事业是全新的事业,需要新政策、新策略、新人才。这些有的现在就可以找到,有的只能在"一带一路"实践中摸索和培养。

大自然也是我们不能忽略的。"一带一路"以交通网络为先导实现"五通"。我们过去在国内建设,对外援建,在海外工程中虽然积累了许多经验,但共建"一带一路"国家一定会有很多新情况、新问题。这就要求我们因地制宜,未雨绸缪。

这些风险首先是地缘风险。地缘风险则主要是地缘冲突和大国间的地缘角逐。地缘风险的典型例子是乌克兰危机,安全风险的典型例子是伊斯兰国。此外,国内风险和自然风险等也属于安全风险。

"一带一路"的"五通"战略也面临着经济风险。可能对"一带一路"倡议构成地缘风险的势力，有的有较强的经济斗争能力，可能以经济手段阻碍"一带一路"战略。而我国和共建"一带一路"国家面临许多经济问题，需要在"一带一路"建设中解决，但解决不好反而可能使问题复杂化。

法律能够对活动双方的行为起到重要的约束作用，在"一带一路"建设的过程中，以法律为框架对主体行为进行规范意义重大。2018年，我国与部分共建"一带一路"国家签署了共建"一带一路"合作备忘录，与一些毗邻国家签署了地区合作和边境合作的备忘录及经贸合作中长期发展规划，但这些文件的落实都需要双方遵守法律，按照法律的要求开展双方业务。因此，"一带一路"建设应该以法律为保障。但是在实际的操作过程中，法律还不够完备，存在诸多法律风险。

"一带一路"倡议受到世界人民欢迎，是由于符合人民的利益和要求。反对"一带一路"倡议的势力，会想方设法使人民群众疏远"一带一路"，制造"一带一路"的道德风险。如果我们自己在"一带一路"建设中不能密切联系国内外群众，那也会损害"一带一路"的形象。

这样看来，地缘风险（包括政治风险）、安全风险、经济风险、法律风险、道德风险五大风险可以对应"一带一路"的"五通"。地缘风险威胁政策沟通；设施联通需要应对安全风险；贸易畅通和资金融通受经济、法律风险影响；民心不能相通，将陷"一带一路"于道德风险之中。

应对五大风险，甚至还有更多其他风险，必须贯彻共商共建共享原则，切忌大包大揽，分好工，分好责，不能任凭国内行为国际化，坚持与域内合作架构、社会组织兼容，与域外模式、规范包容，走绿色、可持续发展道路，树立21世纪地区合作新范式。

## 二

没想到，"一带一路"遭遇的最大风险并非来自共建"一带一路"国家中的发展中国家，而是发达国家！笔者曾赴哥本哈根参加由中国驻丹麦大使馆和丹麦国际事务研究所联合举办的"'一带一路'：'北欧的机遇'国际研讨会"，与会的北欧国家代表对"一带一路"建设过程中的诸多事项提出不少质疑。

发达国家对"一带一路"的普遍质疑有：

一是债务问题。《金融时报》在峰会后刊文，质疑中国输出不平衡，集中在对中巴经济走廊的债务质疑上。因为他们对中国可持续发展本身并不看好，所以顺带将"一带一路"也数落了一番。他们忘了，"鸡是会下蛋的"。中国投资巴基斯坦是"养母鸡"，是"养鸡下蛋"而非"杀鸡取卵"。2016年，巴基斯坦经济增长率只有3.6%，三年后为5.2%。中巴经济走廊建设的三个阶段：

早期阶段（2013—2020 年），重点是能源、基础设施，这是工业化前提，好比建房子打地基；中期阶段（2021—2025 年），工业化起飞阶段，好比建造大楼；长期阶段（2025—2030 年），文化、金融、旅游、贸易、工商业、运输等内容，好比建筑内装修。巴方已基本完成走廊的长期规划。

二是标准问题。发达国家有声音单纯强调高标准，以成熟市场经济原则看待和要求"一带一路"项目建制，评估其风险与收益，一定会看走眼，就像以前每次预测中国会崩溃，一直在打自己的嘴巴一样。

三是地缘政治。1877 年德国人李希霍芬提出"丝绸之路"概念，就是为德国从欧亚大陆扩张寻找理论依据的。因此，西方人想到丝绸之路，脑海里浮现的首先是欧亚大陆的地缘政治博弈，弗兰科潘在《丝绸之路：一部全新的世界历史》一书对此做了很好的描述，《英俄在中亚的博弈》一书更是如此。

四是透明度问题。在政府采购中，透明度好比衣服，并非穿得越少越透明越好。有些西方国家及媒体一味指责"一带一路"建设中的所谓"公开透明"问题，这是需要深入探讨的，而非一个标准化的问题。

这些质疑，集中反映了发达国家对中国模式和中国模式走出去的方式、成效的质疑，只要当他们最终认识到中国模式具有"普世性"时，这些质疑才会逐渐消失，而这又是对发达国家所标榜的"普世价值"的致命冲击。这些质疑通过发达国家对国际舆论的影响，也深入影响到国内舆论，甚至形成国内外质疑"一唱一和"的局面。

这就提醒我们，发达国家参与"一带一路"是有诉求的，并非捧场，可能也会搅局。明白这些诉求，就应更好地吸引发达国家参与，同时规避来自发达国家的风险。具体看来，有以下四点：

一是看重商机，丹麦马士基公司占据整个世界航运市场的六分之一的份额，三分之一的货物运到中国。汉堡港的三分之一的货物也是运到中国。中国通过"一带一路"强调开放、促进贸易增长，自然是欧洲公司所看重的。

二是进入新兴市场。共建"一带一路"国家大部分是发展中国家和新兴市场国家，欧洲公司进不去，中国补基础设施短板更方便。

三是借机撬开中国市场。双边方式难以打开中国的高端服务业市场，通过参与"一带一路"建设，或支持"一带一路"，试图达到这一目的。

四是影响规则制定和标准规范，包括投资规则，以及环境、劳工标准。这样一来，既能规范"一带一路"建设中的各项工作，又能推动当地经济有序发展。

发达国家参与"一带一路"，带来发展导向而非规则导向的全球化之争。中国主张，发展是解决所有难题的总钥匙；规则当然重要，但要不断成熟、循序渐进地形成。中国改革所探索出的政府–市场双轮驱动经济发展模式正在补共建"一带一路"国家发展短板，带来基础设施建设的第一桶金，通过"养鸡取蛋"而非"杀鸡取卵"，增强其自主发展能力，同时培育了新的市场。

# 篇二

## 西方之问：
## 发展导向全球化 vs. 规则导向全球化？

# 西方质疑"一带一路"的三维分析：
## 心理·利益·体系

当今世界，各种智库研究课题、国际论坛话题越来越时髦地列入"一带一路"主题，自觉不自觉地谈及"一带一路"，谈论中国时必谈"一带一路"。这在一定程度上显示出外界对"中国崛起给世界提供什么"的好奇和重视，借"一带一路"话题浓缩对此的理解，但外界是否能够客观阐述和理解把握"一带一路"的本质和内涵却是另一回事。笔者曾先后赴四十多个国家宣讲"一带一路"或参加"一带一路"相关论坛，不断遭遇来自西方或受西方影响的国家质疑："中国模式是否能适用于国外"，"一带一路是否能遵守开放、透明的国际规则"，"一带一路如何处理债务、环境、劳工问题"，"一带一路是否存在隐藏的战略目标（Hidden agenda）"等。

建设"一带一路"，必须争取西方国家支持，因为西方对国际市场、国际舆论环境有重要影响，甚至影响到共建"一带一路"国家的国内政局,必须认真对待西方质疑。针对这些质疑,可以分别从心理、利益、体系层面具体问题具体分析,有理有据地回应,为"一带一路"建设塑造良好的舆论环境。

## 一、西方国家在质疑"一带一路"什么?

西方国家对"一带一路"质疑,概括起来主要分为以下三个方面:

### (一)对世界的质疑

近年来,欧洲金融危机和难民危机、日本经济低迷、美国实力相对衰落等话题不绝于耳,世界权力的天平似乎正远离西方国家。面对世界和自身实力在未来几十年的不确定性,作为对这种不确定性的转移,西方国家产生了名目繁多的质疑:"一带一路"会带来什么?是否会改变现有的国际秩序?给西方世界带来更大的不确定性? 缺乏自信的西方国家,将世界的担忧、自身对未来的担忧,转嫁到了中国,转嫁到了"一带一路"上,反映了面对世界变化,西方知识、思想的不够用,常感慨西方无法有此壮举,因而妒忌、生气。一些有识之士客观、积极评价中国和"一带一路",但在政治斗争背景下,被这些质疑冲淡了。

### (二)对中国的质疑

1.意图质疑

对"一带一路"溯源,都会归根到对国家意图的质疑。对于

"一带一路"背后的国家意图,绝大多数西方国家都是从中国国家战略的角度来分析的。一方面,部分国外政界与学界将"一带一路"简单当作中国国内政策的延续,即为解决国内问题而配套的外交战略,如转移过剩产能、倾销国内商品等;另一方面,也将其看作中国试图改变现有地区和国际秩序,进而获得地区和全球主导权的国家战略,即中国试图改写国际规则。中共十九大后,"一带一路"被写进党章,更让西方民粹主义找到了转移视线、转嫁矛盾的靶子,典型的是班农在日本演讲宣称"一带一路"是中国称霸世界的大战略,将三大地缘政治理论:麦金德的陆权论、马汉的海权论及斯派克曼关于从海洋向内陆的边缘地带理论运用到了极致。①

2.能力质疑

中国模式本身能否持续,能否在国外推广? 国有企业是否会造成不公平竞争? 中国国内经济降速,能否继续玩得转"一带一路"? 在人民币国际化降速的情况下,向中国国家开发银行、进出口银行增资的做法能否支撑"一带一路"建设? 哈佛大学经济史学家查尔斯·金德尔伯格曾提出"金德尔伯格陷阱"理论,该理论认为,美国作为向全球提供公共产品的主导国家,在自身衰落之际,新兴大国中国无法提供必要的全球公共产品,从

---

① 班农在第十二届族群青年领袖研习营演讲,2017 年 11 月 15 日。

而导致全球治理领导力真空。随着中国实力的增长和美国相对实力的下降，近年来以约瑟夫·奈为代表的美国学者重提"金德尔伯格陷阱"，这实际上是对中国能力的质疑，认为中国在过去一直属于"搭便车"的角色，如今要从国际公共产品的受益者转变为提供者，中国无法承担这样的责任。

3.结果质疑

"一带一路"倡议最终将变成中国主导的国际机制？是否会造成中国"中心秩序"的形成？是否会恢复过去的朝贡体系？很多西方人抱有零和博弈的思维，认为就算"一带一路"的出发点是好的，但如果最终的结果会让中国在地区和全球事务上影响力增大，那么就有必要进行反制。同时又有先验思维认为，中国曾经在历史上奉行垂直权力结构的朝贡体系，也曾通过怀柔手段来达到令周边小国对中国政治归顺的目的，那么在新时代中国也可能会通过另一种方式塑造相似的地区秩序，恢复过去的权威地位，成为地区最大的主导国家。这种结果主导型的思维导致了西方世界从一开始便不信任"一带一路"。

(三)对"一带一路"本身的质疑

1.性质质疑

"一带一路"究竟是提供公共产品的国际合作倡议，还是一个侧重国家利益和地缘政治的国家战略？早在2009年1月5日，《纽约时报》就称中国的"走出去"战略为"北京的马歇尔计划",①而"一带一路"倡议提出之初,不少西方学者更将其与"马歇尔计划"相提并论,在国际社会造成了不小影响。事实上,"一带一路"倡议虽与"马歇尔计划"在复兴地区经济、拉动海外投资、推动本国货币国际化等方面有类似之处,但其本质上有很大不同。②

2.路径质疑

"一带一路"倡议的机制是否开放透明? 是规则导向还是发展导向? 如何建设"一带一路"? 中国国内就不遵守规则,如何在国际社会遵守规则? 共商共建共享原则是不是有些言过其实? "一带一路"机制是否开放透明? 能否坚持公平竞争? 是否只是有利于中国的政府采购? 其他国家如何参与? 从"一带一路"倡议提出之初,日本便无心参与"一带一路"。但随着"一带一路"的顺利展开,日本政府对"一带一路"的态度开始从原先的拒绝参与和抵制到表示可以有限参与。2017 年 7 月,日本首相安倍晋三首次提出对"一带一路"建设的合作态度,即"一带一路"建设应在开放、透明、公正考虑项目经济性的同时,不影响借债国的偿还能力和财政健全性;11 月,日本外相河野太郎在神奈川县平塚市的演讲中提及中国"一带一路"对于推动世界发展的可能性,围绕中国在国外的基础设施建设问题,认为"如果是以

---

①《中国的马歇尔计划》,《纽约时报》2009 年 1 月 5 日。

② 王义桅:《"一带一路":机遇与挑战》,人民出版社,2015 年,第 27 页。

开放、各方都能参与的形式出现，这对世界经济是有好处的"①。加上"开放包容的形式"，言外之意也是对中国"一带一路"机制的开放性、透明性和公平性有所质疑的表现。

### 3.方式质疑

这一类质疑主要表现在"一带一路"的融资方面。"一带一路"会如何融资？如何协调不同融资渠道的关系，以打造国际融资机制？另外，能否坚持高标准，如环境标准、劳工标准？与现有机制什么关系？欧盟国家在这一方面的质疑比较多，由于欧盟本身在投资和贸易方面设立了较高的标准和规则，因此一些欧洲学者担心"一带一路"倡议为增加融资会降低现有的国际标准，造成经济和投资方面的风险，同时造成恶性竞争，对欧盟及其成员国在国外投资、贸易和技术方面输出造成危害。

### 4.效应质疑

"一带一路"是中国的地缘政治战略？如何处理地区领土争端？会否导致歧视性安排？受到传统地缘政治理论影响，当代西方国家在解读"一带一路"效应时会从崛起大国的地缘政治战略出发，认为中国试图追求地区霸权和地区主导权。例如德国媒体对"一带一路"负面报道居多，要么将其描绘成地缘政治威

---

① 日本产经新闻网："「中国の一带一路、世界经济に非常にメリットも」河野太郎外相「オープンな形でやれば…」"，2017 年 11 月 18 日，http://www.sankei.com/politics/news/171118/plt1711180012-n1.html。

胁,要么认为其过于雄心勃勃而终将失败。①美国战略与国际问题研究中心(CSIS)的葛来仪(Bonnie Glaser)就认为,"海上丝绸之路"是中国改变南海现状战略的重要组成部分,是一种经济外交手段,将东南亚邻国更紧密地维系在自己身边,以加强谈判筹码。"海上丝绸之路"以经济利诱的方式,促使周边国家接受中国的利益诉求。②

5.有效性质疑

"一带一路"倡议的推进面临各种经济风险和安全风险,如何进行事先评估? 是否会给当地制造债务危机或给中国国内制造债务危机?③如何应对伊斯兰恐怖主义威胁?能否做到可持续发展? "一带一路"倡议覆盖地区广泛,政治和安全环境复杂,因此也无可避免会存在着各类安全风险。不仅多数国外学者有这个质疑,国内学界也存在风险上的顾虑。

---

① 中华人民共和国商务部网站:《欧洲仍对 "一带一路" 将信将疑》,2017 年 1 月 3 日,http://www.mofcom.gov.cn/article/i/jyjl/m/201701/20170102495159.shtml。

② [美]科林·弗林特、[中]张晓通:《"一带一路"与地缘政治理论创新》,《外交评论》2016 年第 3 期。

③《华尔街日报》曾报道:在习近平提出"一带一路"倡议四年后,中国面临着国内经济增速放缓、债务膨胀和资本外流等经济问题, 资金短缺制约着这一宏大计划,所在国债危机的报道,如:"China may put South Asia on road to debt trap",http://mp.weixin.qq.com/s/awXnQDHAx3vWTNaizA-_SQ。

## 二、西方质疑"一带一路"倡议的三维分析：心理、利益、体系

总体来看，西方国家对中国"一带一路"倡议持较为谨慎的态度，特别是美国、日本等国抱有一定的防范和抵触心理，还有一定的偏见和误读，但西方也并非铁板一块，正如在亚投行问题上所展示的巨大分歧，也有不少国家对"一带一路"倡议持较为积极的欢迎态度，但在"一带一路"倡议的具体对接和操作层面怀有疑虑。

（一）心理层面：无知与偏见

1.守旧的思维方式

首先，西方社会对"一带一路"倡议并不十分了解，在缺乏历史参照系的情况下，就容易选择一个西方参照系并形成刻板印象，拿罗马尼亚前总理蓬塔、拉脱维亚拉中友好协会主席波塔普金的话来说就是，"欧洲要睁眼看世界了，历史上从未见过如此宏大的合作倡议，超出我们欧洲人的想象力"。在提出之初，西方就用"马歇尔计划"来类比"一带一路"倡议，于是产生傲慢与偏见，摆出一副法官姿态质问"一带一路"倡议，拷问中国。

其次，受冷战思维和零和博弈思维的影响，在分析问题时多从地缘政治角度出发，形成偏见。西方国家的主流政界、学界和媒体在主观上将中国当成战略竞争对手。

最后，西方主观臆断太多，难以用辩证和发展的观点看问题。这个问题主要表现在以下方面:一是见微知著,以小见大,缺乏长远眼光,听风就是雨。例如,西方学者经常会问中国在巴基斯坦的达苏水电站项目搁置问题是怎么回事? 会不会是中方在当地征地引发矛盾或环境问题?其实,达苏水电站项目是巴基斯坦难度最大的水电站项目,2016 年因相关争议未得到解决导致项目进展缓慢,延期超过 10 个月,但随着问题的妥善解决,目前水电站主体工程建设协议已正式签署。二是以古观今, 定式思维。例如西方提出中国"一带一路"倡议中的项目是否会再现中国与委内瑞拉间债务危机? 不少国外媒体认为委内瑞拉国家破产,经济面临很大困难,中国"一带一路"倡议中的投资如果不为风险评级、设立标准,会给投资方造成巨大的经济损失。

### 2.矛盾心态

既想了解,又不愿理解。既想合作,又担心中国做大。面对"一带一路"倡议,美国、德国和其他发达国家心态纠结。一方面,它们希望抓住这个战略机遇和商机以加快自身发展。另一方面又担心倡议可能造成中国过于强大并改变国际地缘政治格局。例如日本此前就对丝绸之路十分感兴趣,早在 1997 年就曾提出"丝绸之路外交",但中国提出"一带一路"倡议后,便采取警惕、质疑和观望态度,其原因也归结于这种矛盾心态。日本在过去一个世纪中,国力一直强于中国,而现在面对不断强大的中国，这种心理失衡需要一个比较长时间的调整和适应的过程。又如一些欧盟国家，担心"一带一路"倡议只关注沿线国或者发展中国家，担心中国制定规则，分化欧洲。

3.以己度人心理

其实，中国并非是提出新时代丝绸之路的唯一国家，在"一带一路"倡议提出之前，许多国家都提出过类似的丝绸之路复兴计划，但均无法达成重要成果。美国学者弗雷德里克·斯塔尔早在 2005 年就提出过"新丝绸之路"构想，而奥巴马政府在 2011 年提出"新丝绸之路战略"。1997 年，时任日本首相桥本龙太郎在日本企业家协会发表演讲，首次提出面对中亚和高加索国家的"丝绸之路外交"，作为其"欧亚外交"的一部分；[①]2004 年日本延续"丝绸之路外交"，正式启动"中亚＋日本"合作倡议，并把该地区摆在日本新外交战略的重要地位。但无论是美国"新丝绸之路计划"还是日本"丝绸之路外交"都早已失去了生命力。从心态上来看，西方人当然会出现质疑：美国、日本等西方国家做不到的事，中国可能做到吗？

（二）利益层面：利益驱使，趋势担忧

目前，西方战略界普遍认为"一带一路"倡议会威胁到西方

---

① Christopher Len, Uyama Tomohiko, and Hirose Tetsuya, eds, *Japan's Silk Road Diplomacy: Paving the Road Ahead*, Central Asia−Caucasus Institute & Silk Road Studies Program, 2008, p.18.

传统利益和势力范围,包括美国、欧盟、日本在内,甚至俄罗斯都产生了中国动其奶酪的抱怨。例如,相当一部分美国学者认为中国的"一带一路"倡议会对美国在亚太地区的主导地位构成挑战,"一带一路"倡议作为应对奥巴马政府"亚太再平衡"战略的回应,与美国的国家战略必定相背而行,如果中国让其他国家相信中国塑造的体系比美国的更强,中国就可以要求它们更多,包括要求其限制或拒绝美国进入海港。① 除此之外,欧盟对"一带一路"倡议存在疑虑,并对中国与中东欧国家之间的"16+1 合作"特别敏感,主要原因就在于该倡议加强了中方与欧盟成员国特别是中东欧国家的双边关系。欧盟一直将中东欧看作自己利益范围,中国在该地区影响的增加会相对减弱欧盟对该地区的影响力,削弱其现有的欧盟治理能力,容易使已经出现裂痕的欧盟一体化出现进一步分化的风险。

(三)体系层面:立场决定态度

第二次世界大战结束以来,以美国为首的西方国家一直是战后国际秩序的创建者和维护者,毋庸置疑的是,现有国际秩序也一定是有利于维护创建者利益的。西方国家认为"一带一路"倡议是中国与西方国家争夺国际规则制定权的表现,如果成功将改变现有国际秩序,会导致西方影响力的下降。在国际

---

① Wendell Minnick,"China's'one belt, one road'strategy", April 11, 2015, https://www.defensenews.com/home/2015/04/11/china-s-one-belt-one-road-strategy/.

金融和货币体系方面,国际货币基金组织、世界银行、世界贸易组织的主导权一直由美国牢牢把握着，亚洲开发银行也由美国和日本主导,但亚洲基础设施投资银行的建立让其他国家有了另一种选择,从而对美国长期主导的国际金融体系造成冲击。美国学者重提"金德尔伯格陷阱",其中一部分原因在于想将在全球治理上缺乏足够经验的中国排除在全球公共产品提供者之外。

## 三、如何应对西方对"一带一路"倡议的质疑

总体印象:发展中国家关心给我们带来什么好处？发达国家关心给我们可能带来什么坏处？凡是信任中国、喜欢中国的,就信任"一带一路"、喜欢"一带一路";反之,凡是对中国有疑虑的就担心"一带一路",不信任中国的就怀疑"一带一路"。当今世界,对待"一带一路"的态度集中检验了西方的中国观、世界观、自身观。凡是能客观看待世界变化,理性认识自身的,就能较为客观、公正地看待中国,看待"一带一路",否则相反。西方对"一带一路"的质疑既呈现无知与偏见,也有利益驱使、趋势担忧,反映西方不习惯、不甘心中国领导世界,不认可、不看好中国发展模式及其国际推广。我们也必须认识到,西方的质疑已影响到甚至代表了西方世界对中国和"一带一路"倡议的态度,这些国家的二元性非常明显:经济基础是发展中国家,而意

识形态、思维方式是西方国家的那套。对"一带一路"倡议的认识,检验了中外认知的差异,反映了中西方关系迎来五百年来未有之变局;同时也折射了中西方认识论的差异:西方多从技术层面、自身经验看问题,以看油画心理看"一带一路",与"一带一路"的大写意、山水画构想相去甚远。

## (一)注重名与实

关于"一带一路"倡议的定位问题,部分国内学者认为,将其称为"倡议"难以取信于国际社会,是一种不承认事实和不自信的表现,笔者认为不然。确实,"一带一路"对国内来说是一项重大的发展战略,主要在于其促进各地资源自由流动和进一步开展对外开放。而对国外来说,"一带一路"更是一种国际合作倡议,旨在促进区域经济合作与发展。"倡议"一词更突出"一带一路"是一个开放包容的机制,而并非中国一国主导制或是封闭排外的"俱乐部"制,这样就确保了各国参与的自由度和平等性。因此,"倡议"抑或"战略"两者间并不存在矛盾和对立,我们也并不否认"一带一路"作为国家战略一部分所存在的价值,而是在对外宣传和解释"一带一路"的时候,要根据对象进行区分,对他国和他国人民来说,"一带一路"不能是一国主导的国家战略,其他国家怎么愿意参加别国的国家战略中呢?参与各方不是领导与被领导的关系,而是秉持共商共建共享原则,欢迎各方一起参与建设的国际合作倡议,这样有利于更好地获得各方认同，进而消除疑虑。除此以外，在对外宣传时，我们经常表述为"欢迎参与'一带一路'建设"的"参与"就有中国主导的意味，建议可更改为"欢迎合作建设'一带一路'"，既是鼓励与中国合作，又是鼓励相互合作、多边合作。要避免"中国的'一带一路'"说法，强调"我们"而非"我"。改革开放的实践表明，中国成功地学习了发达国家，如日本ODA、新加坡工业园做法，甚至连"丝绸之路"都是德国人的提法，中华人民共和国这一名词中的"人民""共和国"两词都是从日文翻译而来的。"一带一路"倡议折射了西方的成功，并将促进中国与西方的进一步互利共赢。

（二）统筹好各种关系

建设"一带一路"要内外统筹、政企统筹、陆海统筹。相应的"一带一路"倡议的内涵十分丰富，涉及国家众多，在回应西方对"一带一路"倡议的质疑时，必须根据不同对象具体问题具体分析，在外交上统筹好以下关系：

一是统筹"一带一路"倡议与大国关系。处理好与世界主要大国的关系，对于消除疑虑、增进理解、获得国际社会对"一带一路"倡议的认可和提升"一带一路"倡议影响力有重要作用。

首先，美国方面。美国是在处理国家关系时永远绕不过去的、最重要的行为体，美国政府虽然很难宣布支持"一带一路"倡议，但美国企业、资金、技术、标准、人才大量参与了"一带一

56

路"项目。美国是世界所有国家的邻国,在欧亚大陆乃至全球依然拥有深刻而广泛的影响力,"一带一路"倡议无法绕开美国,争取美国对"一带一路"倡议的认可甚至支持显得十分必要。具体来说,可通过增强磋商机制来提升美国对"一带一路"倡议的认知和理解,增进中美政治互信,同时深挖共同利益,争取在双边合作、共同开发第三方市场、多边经济合作等领域实现突破。

其次,俄罗斯方面。俄罗斯是最大的跨欧亚国家,是中国全面战略协作伙伴,也是共建"一带一路"的重要国家,俄罗斯的支持和参与对实现欧亚大陆互联互通具有关键作用。俄罗斯对"一带一路"倡议的担心主要来源于穿过中亚的"丝绸之路经济带"会后来居上,主导地区秩序,从而消解俄罗斯和其主导的欧亚经济联盟在该地区的影响力。面对这些担心,中国应更强调与欧亚经济联盟在技术上、理念上和战略上可以实现对接,并适当参与到欧亚经济联盟中,在利益上实现共赢。

再次,日本方面。日本既是中国的邻国,同时也是重要的地区大国,虽然日本一直对"一带一路"倡议持怀疑态度,但随着"一带一路"倡议的顺利推进和促进日本国内经济发展的需要,日本开始转变对"一带一路"倡议的态度,特别是第四任安倍政府多次提出寻求与中国在"一带一路"倡议中合作的方式。2017 年 12 月 4 日,安倍晋三在中日两国经济界会议上表示，他"与习近平主席和李克强总理就中日在第三国合作上的展开达成一致"，认为"为满足亚洲各国旺盛的基础设施需求，中日之间需要进行合作。在确保公正、透明的基础上，'一带一路'在这方面能够发挥作用"。①日本政府寻求将"一带一路"倡议与印太战略进行对接，试图影响"一带一路"倡议，反映出中日在经济上、地缘政治上的竞争态势仍将持续相当长时期，但中日之间经济之间的竞争并非"零和博弈"。如何转变认知、减少矛盾，找到两国利益的最大公约数，通过双边和多边合作等方式共同参与"一带一路"倡议，将对中日关系发展、地区和全球发展具有重要意义。

最后，西欧国家方面。与其他西方国家质疑观望态度不同的是，西欧国家作为实现欧亚大陆互联互通的重要主体，早在2014年习近平主席访问欧盟时发布的中欧联合声明中，欧盟对"一带一路"倡议已做出了肯定和积极的回应，表示"要发展欧盟政策与中国'丝绸之路经济带'的协同效应"②。声明指出，中欧双方应积极实现"一带一路"倡议和欧盟"容克计划"对接，中

---

① 日本产经新闻网："日中 CEOサミットが開幕 5 日まで「一带一路」への協力など議論　安倍晋三首相も来賓で登場"，2017 年 12 月 4 日，http://www.sankei.com/politics/news/171204/plt1712040036-n1.html。

② European Commission, Joint Statement: Deepening the EU-China Comprehensive Strategic Partnership for mutual benefit, Brussels, 31 March 2014, http://europa.eu/rapid/press-release_STATEMENT-14-89_en.htm。

欧互联互通平台等中欧合作五大平台,促进在交通、能源、数字经济等领域的合作,为亚欧互联互通创造条件。

二是统筹"一带一路"倡议与周边国家关系。中国周边国家受西方影响大,兼之历史上遗留的领土争端、情感纠缠,其对"一带一路"倡议态度正如对中国崛起态度一样,仍然很矛盾。周边国家大多自尊、敏感,任何一点大国沙文主义都令其反感、抗拒。在周边推进"一带一路"倡议确实需要考虑它们的心态和舒适度,拿捏好分寸,控制好节奏,否则可能会欲速则不达。尤其是必须充分考虑到周边国家的二元性——沿线国家经济基础是发展中国家,上层建筑往往搞发达国家那套;复杂性——有些甚至现代国家还未建起来,地方部落影响可能超过地方政府;矛盾性——地理近、心理远:比如传统上是"中泰一家亲",现实上泰国是美国的非北约盟国。一句话,要照顾周边国家的感受,不仅结果上而且过程中都要做到合情合理,这是"一带一路"倡议在周边国家落地生根的巨大挑战。

三是统筹共建"一带一路"国家与其他国家的关系。目前,对于中国来说,64个沿线国家在"一带一路"的地理位置、合作水平上相对重要,但作为一个开放包容的合作机制,任何国家都可以通过双边或多边合作参与"一带一路"建设。因此我们应淡化沿线国家的概念,强调开放包容,与所有国家以不同形式参与"一带一路"建设。否则,西方国家又会指责中国通过"一带一路"建设搞势力范围，推行地缘政治战略。

（三）实现与联合国对接

目前，随着特朗普政府提出"美国优先"政策，从美国退出巴黎气候变化协定、拒绝缴纳联合国教科文组织会费等行为可以看出，美国不愿意承担更多国际责任，表现出一定的回归孤立主义、本土主义的倾向。而此时中国正在进一步靠拢全球治理的中心，但作为一个后进者，中国在全球治理中的经验并不是特别丰富，而此时与联合国全球治理事务实现对接，能够有效提升中国在全球治理中的合法性和影响力，为实现开放、包容、共享、绿色四大理念提供最为有效的途径。"一带一路"国际合作高峰论坛的联合声明中，也突出强调了联合国 2030 年可持续发展议程为国际发展合作描绘了新蓝图，今后中国需将"一带一路"建设国际合作同落实联合国 2030 年可持续发展议程对接，高举气候变化、和平合作大旗，践行五大发展理念，为世界多边主义、自由贸易、全球化进程公平有序推进和维和行动等提供重要支柱。

（四）知行合一，讲好"一带一路"故事

习近平总书记曾在十九届中共中央政治局常委同中外记者见面会上讲道："我们不需要更多的溢美之词，我们一贯欢迎客观的介绍和有益的建议，正所谓'不要人夸颜色好，只留清气满乾坤'。"

上述种种质疑，甚至在许多发展中国家也存在，因其二元性——经济基础是发展中国家水平，意识形态却是西方那套，甚至与国内言论一唱一和，需要认真对待、有效回应。比如，债务危机问题，可强调鸡会生蛋的，不要老盯着鸡何时可以卖掉还债；改革开放初，中国举世界银行、亚洲开发银行债，西方担心债务危机，经济起飞后根本没发生。不要狭隘地看债务，经济有正外部性，"一带一路"是搞产业链，不是简单地搞基建。就拿中国的高铁发展为例：每千米 2 亿元投入，2 万千米共计 4 万亿元投入，债务为何未到天花板，反而助推中国经济实现快速发展和国内经济一体化？

面对各式各样的问题，笔者坚信，形势比人强，只要我们本着共商共建共享原则，全心全意为人民服务，同时要讲好"一带一路"的故事，阐释好"一带一路"倡议背后的人类命运共同体理念，耐心、细致地做好"五通"工作。一方面，"一带一路"倡议并没有对现有国际秩序造成冲击，反而是对现有国际秩序的有力补充，使国际秩序向着更加公正合理的方向变革，而"一带一路"倡议在实现开放包容、遵守国际规则和标准方面的努力毋庸置疑。以亚洲基础设施投资银行（简称"亚投行"）为例，目前亚投行的主要结算货币是美元，并始终坚持"lean, green, clean"的高标准，正如 20 世纪 60 年代成立的亚洲开发银行不会对世界银行造成冲击一样，亚投行也不会对现有金融体系造成冲击。当然，在发展中国家的一些项目无法实现西方的高标准亦属正常，发展中国家的现实经济情况令它们无法达到发达国家规定的高标准。但中国通过开发性金融、工业园区建设等在当地创造、培育市场，最终帮助它们在国际市场融资并按照国际规则行事，解决了西方国家解决不了或不愿解决的"鸡生蛋还是蛋生鸡"的问题，即"先投资还是先达到国际标准"的问题，先给共建"一带一路"的发展中国家提供发展的"第一桶金"，再进一步达到国际标准与西方发达国家合作。另一方面，目前"一带一路"的成果初显且获得共建国家的支持。在斯里兰卡，"21世纪海上丝绸之路"框架下的科伦坡港口城、汉班托塔市的港口项目建设，有助于提升斯里兰卡在印度洋海域的经济和交通枢纽功能，同时带动了其他国家对斯里兰卡的投资。在巴基斯坦，电力基础设施的缺乏使卡拉奇每年因缺电导致一千人中暑而死，而中国通过和平合作的方式解决产能走出去问题，进行中的中巴经济走廊的建设能够让巴基斯坦在2020年实现能源独立，不再饱受缺电困扰，不仅促进民生更有利于生产发展。在非洲，中国除了"三网一化"和分享"要致富先修路"的现代化经验，还大力推进民生工程，切实提升非洲人权。当然，在"一带一路"倡议对外推进的过程中，其他国家对"一带一路"倡议存有质疑是很正常的现象，因为这不仅是西方国家的质疑，也是共建发展中国家的困惑，甚至国内学界都存在争议。中国与西方国家在"一带一路"倡议上的合作潜力很大，中国应用能力强，而西方国家在资金、技术乃至国际体系、全球治理经验能力上有优势，完全可以通过双边和多边合作开发第三方市场并带动地区协同发展。

"打铁还要自身硬"，建设"一带一路"必须从自身做起，做到知行合一。共商共建共享原则不是口号，不能停留在原则层面，而是在各环节始终坚持。很多欧洲人质疑"一带一路"倡议的原因是希望中方能够提出具体的方案，如果"一带一路"倡议一直停留在口头宣传上，缺乏系统理论与样板，当然无法以理服人。针对各种各样的质疑，无论是合情合理的还是无理取闹的，均需坚定信念，"一带一路"倡议是伟大事业，需要伟大的实践。

# 四问（性质）:
## "一带一路"倡议是中国版"马歇尔计划"?

"一带一路"倡议提出后,立即被冠以中国的"马歇尔计划"。①人们通常从自己熟悉的记忆和做法中比照新生事物,也不奇怪。

二战结束后不久,美国启动对被战争破坏的西欧国家给予经济援助和参与重建的计划,以当时美国国务卿名字命名,史称"马歇尔计划",也称"欧洲经济复兴计划"。"马歇尔计划"说是使欧洲和美国得到双赢,但也造成了欧洲的分裂,巩固或推动建立美国主导的布雷顿森林体系及北约组织,美国成为"马歇尔计划"的最大受益方。

---

① 《纽约时报》早在 2009 年 1 月 5 日就称中国的"走出去"战略为"北京的'马歇尔计划'","一带一路"倡议提出后,这种说法更流行了,尽管"一带一路"超越了"走出去"战略。

都是向海外投资来消化充足的资金、过剩的产能和闲置的生产力，促进本国货币的国际化，"一带一路"倡议与"马歇尔计划"确有诸多类似之处，后者也给前者以历史借鉴，但是两者时代背景、实施主体和内涵、方式等毕竟不同。比较"一带一路"倡议与"马歇尔计划"的相似与不同，有助于说清楚"一带一路"倡议是什么，不是什么，这是丝路公共外交的重要课题。

## 一、"一带一路"倡议与"马歇尔计划"的相似点

### （一）有利于促进经济发展

"马歇尔计划"：二战后美国为了实现西欧经济复苏，促进西欧经济发展而进行推行的"马歇尔计划"于 1947 年 7 月正式启动，并整整持续了 4 个财政年度之久。在这段时期内，西欧各国通过参加经济合作发展组织（OECD）总共接受了美国包括金融、技术、设备等各种形式的援助合计 130 亿美元，相当于马歇尔演说当年美国国内生产总值的 5.4% 左右，占整个计划期间美国国内生产总值的 1.1%。若考虑通货膨胀因素，那么这笔援助相当于 2006 年的 1300 亿美元。欧洲几个大工业国获得的援助相对较多。而相对于曾经的轴心国和中立国，美国对盟国的人均援助数量明显更多。1948 年至 1952 年是欧洲历史上经济发展最快的时期，工业生产增长了 35%，农业生产实际上已经超过二战前的水平，直接得益于"马歇尔计划"。二战后前几年的贫穷和饥

饿已不复存在,西欧经济开始了长达20年的空前发展。

"一带一路"倡议:中国市场规模居全球第二,外汇储备居全球第一,具备技术优势的产业越来越多,基础设施建设经验丰富,对外投资合作快速发展。中国有能力为沿线国家创造新的发展机遇,并与各国共同应对风险。共建"一带一路"国家中大多是新兴经济体和发展中国家,多数处于经济发展上升期,与其开展互利合作的前景广阔。经贸合作是共建"一带一路"的核心目标。通过经贸合作,扩大资源要素的配置空间,充分释放沿线各国的发展潜力,有助于给沿线国家人民带来实实在在的好处,也有助于为其他领域的合作奠定基础。数据显示,2013年中国与共建"一带一路"国家的贸易额超过1万亿美元,占中国外贸总额的四分之一,过去10年中国与沿线国家的贸易额年均增长为19%,较同期中国外贸额的年均增速高出4个百分点。未来5年,中国将进口10万亿美元的商品,对外投资超过5000亿美元,出境游客约5亿人次,中国的周边国家以及共建"一带一路"国家将率先受益。

(二)有利于加强区域国家间的交流合作

"马歇尔计划":"马歇尔计划"实现了西欧各国的经济复苏,使其重新走上经济繁荣、政治稳定的道路。"马歇尔计划"为英国、法国、德国等二战主要参战国家提供贷款,缓和了其战后赔偿上的矛盾,促进了西欧大国关系的缓和。"马歇尔计划"与布雷顿森林体系一起,无形中促进了西欧地区的自由贸易,为后来欧洲经济合作组织、欧洲煤钢共同体的建立,乃至欧洲的一体化做好了经济上的铺垫。

"一带一路"倡议:"一带一路"倡议的构想源自古代"陆上丝绸之路"与"海上丝绸之路",而考虑到今天共建国家贸易规模不断扩大,但也面临通关、物流不畅,壁垒较多等问题,旨在从实现边境地区互联互通开始,以中国作为一个重要枢纽,将各国的边境口岸作为通道节点,依托各国间交通的完善,实现东北亚、东南亚的经济整合,最终迈向欧亚大陆经济整合的大趋势。中国的新战略将以"一带一路"为纲,张自由贸易区之目,构筑起立足周边、辐射"一带一路"、面向全球的自由贸易区网络。

(三)有利于增强发起国的区域影响力

"马歇尔计划":在"马歇尔计划"中,美国提供援助的方式主要包括物质资源、货币、劳务和政治支持,其中美国的资金援助要求西欧国家用于购买美国货物,从而获得了大量出口。按"马歇尔计划"提供的资助,在美国对西欧出口总额中所占比重,1948 年为 36.3%,1949 年为 62.7%,1950 年为 73.2%。二战后西欧一直是美国最大的出口市场和海外私人直接投资增长最快的地区。"马歇尔计划"为美国争取了大量对欧出口,使美元成为西欧贸易中主要的结算货币,帮助建立了美国战后的金融霸权,巩固和扩大了美国在欧洲的政治经济影响。同时,"马歇尔计划"也切实地帮助欧洲进行二战后的恢复重建,加速了西欧经济的发展。1948—1952年是欧洲经济发展速度最快的时期。在政治上,马歇尔有力地推动了欧洲一体化的进程。为了争取美国的经济援助,欧洲国家团结到一起进行二战后重建和一体化的建设中,而非止步于憎恨与摆脱衰落的泥沼。1953年诺贝尔和平奖因此颁给冠名这一计划的美国时任国务卿马歇尔,奖励他"在第二次世界大战后对复兴欧洲经济所做的贡献,以及对促进国际和平和谅解所做的努力"。

"一带一路"倡议:在"一带一路"倡议的推进中,大量基础设施和投资计划旨在扩大中国与欧亚大陆的经济联系和贸易,鼓励在亚洲地区的跨境交易中更多使用人民币结算,加深沿线国家的民间交流。"一带一路"倡议将扩大中国在其战略地位突出的西部地区的政治影响力,同时也将促进中国所有地区的平衡增长,实现西部地区经济现代化,提升我国境外直接投资,开辟海外市场,扩大产品出口,消化过剩产能,破除贸易壁垒,最终确立符合我国长远利益的全球贸易及货币体系。

## 二、"一带一路"倡议与"马歇尔计划"的不同点

在一定程度上,中国当前所处的国际环境与当年美国实施"马歇尔计划"的经济背景相类似,即海外存在大规模基础设施建设需求,本国拥有充足资金、过剩商品和闲置生产力等。"马

歇尔计划"在当时产生的国际舆论影响及对美国提升国际形象和影响力所带来的重要作用,也是中国今天提出"一带一路"倡议所要达到的目标。

但是当前的国际政治与经济环境,以及中国自身国情与美国实施"马歇尔计划"时既有相似之处也存在诸多差异。主要的差异在于,当时美国经过二战确立了在西方世界的霸权地位,并与苏东集团酝酿冷战,同时美元已经成为主要的国际储备货币。而中国是在美国西方主导的国际秩序的背景下走和平发展之路,人民币甚至还没有实现完全可兑换。这一差异必然对中国对外基础设施投资的战略、渠道和方式产生深刻的影响。

概括起来,"一带一路"倡议与"马歇尔计划"在以下诸多方面存在较大差异:

（一）实施背景不同

美国推动"马歇尔计划"是为了尽快使欧洲资本主义国家实现战后复兴,以对抗向西扩展的苏联和共产主义国家,是经济上的"杜鲁门主义",也是冷战的重要部分,是为美国最终实现称霸全球的服务。"马歇尔计划"为后来形成的区域军事集团——北大西洋公约组织,奠定了经济上的基础。"马歇尔计划"开启了冷战的先声,具有较强的意识形态色彩,也就是防止希腊、意大利等欧洲国家的共产党乘二战后经济百废待兴、政治混乱之机夺取政权。

"一带一路"倡议则无冷战背景和意识形态色彩。"一带一路"倡议是在全球化即美国化、西方化失势后，作为世界经济增长火车头的中国，将自身的产能优势、技术与资金优势、经验与模式优势转化为市场与合作优势的结果，是中国全方位开放的结局。

（二）实施意图不同

"马歇尔计划"：其本意是美国通过援助使欧洲经济恢复，并使之成为抗衡苏联的重要力量和工具，同时也可使美国更方便地控制和占领欧洲市场。美国当年提出"马歇尔计划"时，附加了苛刻的政治条件，欧洲的所有亲苏联国家都被排斥在外。即使是盟国，美国也为进入该计划的国家制定了标准和规则，受援的西欧国家只能无条件接受，不仅有时间期限，且还款利息高。该计划的最终结果导致了欧洲的分裂。"马歇尔计划"充分展示美国控制欧洲的战略意图，肩负稳固欧洲以对抗苏联扩张的战略使命，催促了北约的诞生。

"一带一路"倡议："一带一路"倡议的本质则是一个共同合作的平台，是中国的国际合作倡议和中国提供国际社会的公共产品，强调共商共建共享原则，倡导新型国际关系和地区合作模式。中国提出的"一带一路"倡议建立在合作共赢的基础上，提倡同共建国家进行平等友好的经济往来、文化交流，以促进共建国家的经济发展，同时加强中国同相应国家的经济合作，所有的经济文化交流都建立在平等自愿的基础上。

(三)参与国家构成不同

"马歇尔计划":"马歇尔计划"的参与国家是以美国、英国、法国等欧洲发达国家为主的 20 世纪资本主义强国,将社会主义国家和广大第三世界国家排除在外,是二战后西方资本主义世界为对抗苏联、抗衡共产主义所进行的"经济杜鲁门主义"。

"一带一路"倡议:以古代"陆上丝绸之路"和"海上丝绸之路"沿线国家为主,并拓展、延伸到其他国家,多为发展中国家,也有新兴国家、发达国家,有利于发展中国家相互间促进经济合作和文化交流,推动各类国家的优势互补、错位竞争和经济整合,总体上在开创南南合作、区域合作与洲际合作的新模式。

(四)内容不同

"马歇尔计划"主要内容是:美国通过财政拨款"援助"西欧各国,作为复兴二战后经济之用,受援国必须购置一定数量的美国货,尽快撤除关税壁垒,取消或放松外汇限制;受援国要接受美国监督,把本国和殖民地出产的战略物资供给美国;设立由美国控制的本币对应基金(counterpart fund,作用是将"马歇尔计划"的援助资金转换成为由当地货币构成的资金);保障美国私人投资和开发的权利。当然,"马歇尔计划"还包含削减同社会主义国家的贸易、放弃"国有化"计划等较强烈的冷战色彩的内容。

"一带一路"倡议是中国与共建国家分享优质产能，并非"马歇尔计划"单方面的输出，前者是共商项目投资、共建基础设施、共享合作成果，内容包括道路联通、贸易畅通、货币流通、政策沟通、人心相通的"五通"，比"马歇尔计划"内涵丰富得多。

（五）实施方式不同

"马歇尔计划"：以美国为主导，依靠美国二战后强大的经济实力，通过对战后西欧各国提供赠款贷款、重建协助、经济援助、技术支持，快速实现受援国家的战后经济重建。该计划体现的是"美国-西欧诸国"形式的一对多的援助实施形式。

"一带一路"倡议：由中国发起倡议，由共建国家参与合作完成。"一带一路"倡议需要共建国家积极开放边境口岸，共同完善交通建设，为经济的合作与文化的交流创造完善的基础设施。这体现的是共建国家多对多的合作模式。"一带一路"倡议特别强调共建国家发展战略、规划、标准、技术的对接，旨在将中国发展机遇变成沿线国家的发展机遇。"一带一路"倡议是谋求不同种族、信仰、文化背景的国家共同发展，强调共商共建共享，从互联互通做起，倡导成立丝路基金和亚洲基础设施投资银行，为周边国家和区域合作提供更多的公共产品，是"南南合作"区域合作的新模式。"一带一路"倡议实施周期比"马歇尔计划"长远得多，基本上是中国"三步走"战略的延伸，通过中亚、中东、东南亚、南亚等线路，从陆上和海上同时开展经济走廊、工业园区、港口建设等项目,逐步建立起欧亚非互联互通的网络。

## 三、"马歇尔计划"对于"一带一路"倡议的借鉴意义

当然,尽管"一带一路"倡议从以上方面超越"马歇尔计划",也并非中国版的"马歇尔计划",但"马歇尔计划"在实施和外宣上有不少值得借鉴的经验,比如与安全、政治战略综合推进,善于造势,等等。中国是学习大国,借鉴包括"马歇尔计划"在内的其他国家先进经验,是"一带一路"建设的重大课题。

总的来看,近年来中国对外基础设施投资既有很大发展也存在一些隐忧。中国应当评估在国家层面积极组织和推动对外大规模基础设施投资的可能性。尽管不能把"一带一路"倡议与"马歇尔计划"相提并论,尽管后者为中国提供了有益借鉴,也应注意目前中国与当年美国有很多差异。建议把对外基础设施投资上升为重要的国家战略,并建立相应的组织和实施框架。①

"马歇尔计划"帮助美国争取到一个稳定繁荣的欧洲作为其政治盟友、解决了国内经济危机,促使欧洲走上一体化的发展轨迹,可以说是二战后国际秩序重建中意义深远的战略计划。它的成功与其初期宣传手段,以及机制化的实施方式是分不开

---

① 金中夏:《中国的"马歇尔计划"——探讨中国对外基础设施投资战略》,《国际经济评论》2012 年第 6 期。

的。而这些经验对中国在推动"一带一路"倡议被周边国家接受，被世界强国认可的过程中，不无借鉴意义。

首先是在宣传上，针对目标国家，强调其主动性及合作之裨益。

"马歇尔计划"之所以得名，源自时任美国国务卿马歇尔1947年在哈佛大学的演讲，其中提出，美国将尽可能帮助欧洲复兴，而前提是欧洲国家自行达成合约，以一个整体的方式向美国寻求支持。马歇尔发表演说当天，副国务卿艾奇逊四处联络欧洲媒体报道此事，特别是英国媒体，英国影响力最大的媒体——英国广播公司（BBC）全文播送了这篇演讲。"马歇尔计划"在欧洲的宣传重点强调了欧洲各国在争取援助中的主动权地位，需要欧洲自行联合并提出要求，显示出了美国积极支持欧洲走向一体化的态度。在公开演说之外，美国政府通过美国驻欧洲各国大使馆重申这一计划的重要内容，并急切地想要摸清欧洲各国领导人的态度和"马歇尔计划"技术角度的可行性。宣传很快引发了欧洲各国的反响，欧洲各国高层纷纷召开会议商讨接下来的行动。此外，美国政府在国内组织"马歇尔计划声援委员会"，通过工会组织和利益团体宣传"马歇尔计划"对美国的重要意义，争取民意支持。

"一带一路"倡议目前在国内引发了热议，中西部各省市纷纷提出大量合作构想，但是在周边国家的反响却不近如人意。

同样,中国在提出"一带一路"倡议的战略构想之后,可以重点
向合作国家,包括东南亚、中亚各国,通过其国内媒体加强该国
公众对"一带一路"倡议的认识和了解。强调"一带一路"倡议并
非中国单方面的投资、劳动力和技术输出,而是建立在周边发
展中国家对基础设施和国际投资的迫切需求之上的。除了媒体
宣传,通过中国驻各国大使馆进行外交上的沟通与接触,了解
其对"一带一路"倡议的看法:各国对投资和技术的需求究竟如
何?如果合作,面临的主要障碍是什么?将上述问题解决好以帮
助中国进一步制定出更为确切、详细的合作方案。

其次是在实施上,重视国内立法保障合法性,国际合作走
向机制化,充分调动社会力量。

在 1947 年 6 月马歇尔哈佛演说之后,7 月,包括英法奥比
荷卢在内的 16 个欧洲主要国家在巴黎召开会议,讨论是否以及
如何接收美国的援助。会议决定成立欧洲经济合作委员会,并
通过一系列磋商与研究,向美国提交了一份援助总额为 193.1 亿
美元的计划草案。而美国国会中同样经过两党的激烈争执,通
过了为期四年的《1948 年对外援助法》,同时成立经济合作署作
为管理机构,负责"马歇尔计划"的具体实施。经济合作署拥有
一整套独立的组织体系,人员主要由美国工商界精英组成。每
个参与国的首都都会驻有一名经济合作总署的特使。这一职位
一般都由一位有一定声望的美国籍商界人士出任,他们的职责

就是在计划实施过程中提出建议。经济合作总署不仅鼓励各方在援助资金的分配上进行合作，还组织由政府、工商业界及劳工领袖组成的磋商小组，对经济情况进行评估，同时决定援助资金的具体流向。资金由所在国政府和经济合作总署共同管理。通过国内立法、机制化管理和充分调动社会力量，"马歇尔计划"得以按照原定计划顺利推行了四年，并切实裨益了欧洲战后的经济恢复。

在中国领导人出访东南亚提出"一带一路"倡议合作构想同期，筹建亚投行，向主权国家的基础设施建设项目提供贷款，可以说是对"一带一路"倡议的机构支持。但是作为一个准商业性的投资银行，且包含了域外英、法、德等欧洲国家，亚投行对"一带一路"倡议持久实施仍缺乏根本动力。如果能推动国内立法，将"一带一路"倡议的投资与合作纳入政府经济与外交工作议程，首先在国内为其提供合法性，再推动建设多边政府间组织，以领导人峰会或专业人士委员会的形式，为合作提供意见和建议。"一带一路"倡议虽然是官方倡议，但其具体落实离不开民间和社会力量。充分调动各国工商业者加入到机制化组织的建设中，既可以为合作提供广泛的社会基础，又能使其更好地落实。

# 五问(后果)：

## "一带一路"倡议是否制造"债务危机"?

【中国"套路"】

非洲国家:我有石油和矿产。

欧美国家:我给你开采!

非洲国家:被你们剥削上百年了,我现在要自己建厂,自己加工原材料。

欧美国家:你没钱、没路、没水、没电、没头脑,建什么?!

中国:非洲兄弟,我来帮你!

中国:你看啊,矿区上游正好有条河,咱把这一拦,就是个大型水电站。

中国:有了电,就得把路也跟上:我们直接采用电气化铁路打通矿区和港口,让资源好挖又好卖!质量你放心,我们的中铁和中铁建修的高铁都是世界第一,港口全球前十咱占七个,中国交建和招商局专门干这个。英国建航母都买的咱的龙门吊。

在铁路沿线和港口附近，我们再给建两个工业园区，专门往欧美出口零关税的消费品。这个我们经验十足，中信集团、华夏幸福、泰达做这个都轻车熟路了。

非洲国家：太够哥们儿了！可是我没钱……

中国：没事儿，我借给你！中国进出口银行有优贷（优惠贷款）、优买（优惠买方信贷），国开行有中非发展基金，工行、中行还有商贷、随你挑。很简单，只要拿矿产、石油和国家主权担保一下就行。实在不行，你们的可可、芝麻，也能运到中国还款（注：中国吃的香油，很多是埃塞俄比亚出产的）。利率吗，肯定比日本和美国高不了太多……

非洲国家：那我美元外汇储备不够怎么办？

中国：这太好了啊！咱两个央行抓紧弄个货币互换，以后咱哥俩交易，用什么美元！

非洲国家：就这么办！

中国：对了，既然通了电，那过去用不上的电视机、微波炉也得配一下吧。我们这儿海尔、格力都是全球第一；给你修水电的中国电建还能拉着美的电器给你把白色家电都送货上门。价格嘛，好商量，我们现在搞"家电下乡"，买一批送一批。

非洲国家：我们这儿电视台没什么节目，天天就是看新闻和广告，要电视没什么用吧？

中国:正好! 北京有个四达公司,专门把我们特别好看的电视剧翻译成豪萨语、斯瓦西里语等当地语言。以后你们看广告看烦了,就看我们非洲版的《三生三世》《亮剑》《射雕英雄传》。兄弟之间,好东西,要分享!

中国:还有啊,现在都 4G 了,上网嗖嗖地。你这 2G 网络得让华为、中兴给升级一下,价格是欧美的 1/3。给绝对亲兄弟,剁手价。

非洲国家:这个我喜欢啊!

中国:你看,咱们现在把贫穷落后的家乡建设得这么好,保不齐有人会眼红、会羡慕嫉妒恨。所以咱得保卫胜利果实啊!

非洲国家:这个,怎么保卫啊?

中国:不如团购点枭龙?再来批 99A?这可是好东西,物美价廉还"抗造",我国的陆军指挥学院包教、包会、包分配。(注:南京陆军指挥学院的外籍学员中,已经出了 5 位总统、1 位副总统、1 位总理、8 位国防部部长)。这事儿你就交给出门右拐的保利和中航技就行。

非洲国家:成了! 兄弟一生一起走!

欧美国家:中国太过分了,我们要去联合国举报!! 我们要 CNN、BBC 发中国威胁论报道!


**"一带一路"倡议是否在制造债务陷阱? 中国是否通过"一**

带一路"倡议推行"债务外交"？以上质疑成为 2019 年"两会"的热点话题。过去一年，债务问题也是国际舆论关注"一带一路"倡议提及最多的。

令人不解的是，欧洲、美国、日本乃至印度，早已对共建"一带一路"中的部分国家进行过投资，为什么同样是投资，西方国家及印度的资金就是香甜的"馅饼"，而中国提供的资金就变成了黑暗的债务"陷阱"呢？

其实，炒作"一带一路"倡议的债务陷阱实际是"中国陷阱"：因为只要是中国做的，对的也不对了。这就应了西方那句话："Be damned if you do and damned if you don't."（做也不对，不做也不对。）如果说"一带一路"倡议不好，为何吸引到 131 个国家和 30 个国际组织参与，与中国签署 187 份共建"一带一路"合作文件?! ①其中，有哪个是中国强迫人家签的？如果是陷阱，人家怎么能争先恐后，以至于七国集团中的意大利都要参与？如果说"一带一路"不好，你们能提供更好的倡议，吸引到如此多国家的响应和参与吗？

俗话说，功夫在诗外。"一带一路"倡议的债务陷阱，背后就是陷阱。

---

① 此数据来源为中国一带一路网：《已同中国签订共建"一带一路"合作文件的国家一览》，http://www.yidaiyilu.gov.cn/gbjg/gbgk/77073.htm。

# 一

"一带一路"倡议当然要高度关注所在国家的债务问题,但炒作"债务陷阱"是另外一回事儿。分析起来,可对"债务陷阱说"做一多维分析:

1.说什么(What)?

所谓"债务陷阱"、债务危机、债务帝国主义,究竟是什么的陷阱? 表面上指共建"一带一路"国家欠中国的债务无法偿还,引发政府信用危机,其实是说中国不负责任,以此阻止这些国家与中国共建"一带一路"。

2.何时说(When)?

2017年12月9日,斯里兰卡政府正式把斯里兰卡南部的汉班托塔港的资产和经营管理权移交给中国招商局集团。中方获得该港99年特许经营权,提出将其建成"斯里兰卡的蛇口"。以此为标志,"债务危机说"从印度,经过欧美走向世界,"一带一路"倡议是"中国输出模式说"也流行起来——以港口为龙头和切入点,以临港的产业园区为核心和主要载体,系统解决制约产业转移的硬环境短板和软环境短板,打造国际产能合作的平台。这一同步开发"前港—中区—后城"的模式被定义为"蛇口模式4.0"。

3.谁在说(Who)?

美国:通过世界银行、国际货币基金组织掌握着许多发展中国家的命运，现在被"一带一路"倡议打破了。因此，美国组建了 The Dragon's Reach（龙的触角）网站，专门抹黑"一带一路"倡议，先集中攻击"债务陷阱"了。

欧洲：共建"一带一路"国家多为前殖民地国家或地区，欧洲国家有养父情结，兼之欧盟标榜自己为规范性力量，通过巴黎俱乐部进行债务治理的权力被中国稀释。

日本：中国贷款利率那么高，"一带一路"建设不会引起债务危机？"一带一路"倡议对日本人任行长的亚洲开发银行、金融机构产生冲击。

印度：印度洋及印度次大陆的地区霸权，"一带一路"倡议动摇其地区霸权根基；同时，共建"一带一路"国家当地的非政府组织一唱一和，也跟着起哄，里应外合。

中国国内习惯跟着西方走的学者或不明实情的公众也质问：国内经济面临下行压力，要用钱的地方很多，为何要去投资共建"一带一路"的这些高风险国家？投资"一带一路"项目建设会不会打水漂，无法实现经济收益？

4.对谁说（Whom）？

表面上针对中国，其实针对共建"一带一路"国家，警告它们不用上中国的圈套。这些国家的命运铆在中国身上了，抵消了其影响力，甚至颠覆了经济殖民主义体系。

5.哪儿的（Where）？

中国人担心国内债务，外面担心共建"一带一路"国家的债务。一些别有用心的西方媒体还炒作中国在非洲的投资又将几十年好不容易治理好的非洲国家债务拉回到天花板，炒作中巴经济走廊制造巴债务负担，更有甚者将共建"一带一路"国家债务如此依赖中国，将来成为中国殖民地！

6.怎么说（How）？

典型的说法是：中国提供的发展援助，其资金来源本身便已不民主、不透明，它的效果只是在扼杀非洲人民取得的真正进步，中国只是为了自己的战略和利益，并非要使非洲人得益。也有人批评，西方国家提供债务时，会引入诱导机制，对愿意走向民主、减少贪污、改进管治的国家才肯帮助，但中国却毫不理会这些因素而胡乱提供借贷，破坏了西方国家的"苦心"，所以中国的援助只应视作"流氓援助"！看来，债务陷阱与透明度、国际规则乃至世界贸易组织改革相联系，直指国企补贴、中国模式问题，是西方打压"一带一路"倡议组合拳的一部分。

7.为何说（Why）？

炒作"债务危机"的原因不外乎是利益之争、影响力之争和体系之争：

一是利益受损，生怕这些国家跟着中国走。大型基建多由中国的国企承揽，西方企业竞争不过，分不到羹，着急。于是推动政府指责中国国企不公平竞争，认定中国国企不计代价投入，制造"债务危机"，这些国家只好把土地经营权交给中国，命运被中国控制。这种自以为是的思维方式有意无意忽略中国不光是搞基础设施建设，而是沿着基础设施搞产业链布局，整体、长远看是要赚大钱的。通俗地说，中国奉行的是养鸡生蛋，而非"杀鸡取卵"的理念。像蒙内铁路通车一年，为肯尼亚经济增长贡献超过 2.5%，何来债务危机？[①]这到底动了谁的奶酪？一些别有用心的西方媒体更将共建"一带一路"国家债务如此依赖中国的现象引向它们将成为中国殖民地！

二是影响力受挫，心理上见不得别人好。当年炒作温州动车事件，耽误中国高铁许多年才推出复兴号。现在"一带一路"倡议建设从大写意到工笔画，标志性项目纷纷落地，这些国家与中国的关系迅速升温，它们纷纷学习中国"要致富先修路"的改革开放经验，于是美国便急于指责中国输出发展模式。《习近平谈治国理政》《摆脱贫困》等书的热销，"一带一路"国际合作高峰论坛、中非合作论坛北京峰会等成功举办，让部分西方国家坐立不安，于是混淆概念，把投资、贷款和援助都叫债务，误导舆论。模式之维："一带一路"建设遵循"企业主体、市场运作、国际惯例、

---

① China-built railway revolutionising regional development, Daily Nation, See https://www.nation.co.ke/oped/opinion/China-built-railway-revolutionising-regional-development-/440808-4592420-ug0a6e/index.html.

政府引导"原则,秉持共商共建共享理念,响应相关国家自身发展的需要,不附加任何政治条件,坚持互利共赢的原则,让西方模式相形见绌。在印尼雅万高铁项目竞争中,中方之所以击败日方胜出,就在于中方绕开了印尼方政府担保的前提,背后都是中国国有银行的支持。中国模式在非洲正大显身手。非洲第一条中国标准跨国电气化铁路,从设计、施工到运营,全都采用中国模式。肯尼亚的蒙内铁路和蒙巴萨港口建设也是如此。

三是国际体系受冲击,政治治理结构遭挑战。长期以来,发展中国家搞基建,只能从发达国家控制的金融机构如亚洲发展银行、世界银行借贷,欠下的债务由巴黎俱乐部、国际货币基金组织处理。而亚洲开发银行是日本人做行长,世界银行是美国人做行长,国际货币基金组织美国也拥有否决权。巴黎俱乐部是成立于 1956 年的国际性非正式组织,现由全球最富裕的 22 个国家组成,专门为负债国和债权国提供债务安排,例如债务重组、债务宽免,甚至债务撤销。如经过多番努力仍未能改善债务问题,负债国通常由国际货币基金转借与巴黎俱乐部协助。现在,发展中国家纷纷从中国倡议设立的亚投行和中国进出口银行(简称"口行")、国开行等贷款,这就抵消了西方的治理权力,改变了西方主导的治理架构,减少了它们干涉发展中国家内政的可能。

20 世纪 80 年代以来,以里根–撒切尔主义为标志,以"华盛顿共识"为旗帜，美英发起的新自由主义全球化，鼓吹金融自由化、政治民主化，导致世界上热钱泛滥成灾，流到哪儿，哪儿的经济便一片繁荣（泡沫），一撤走，当地经济一片萧条，美国就是利用这种手段干涉别国内政，甚至颠覆一个国家的政权。如今，美国不能再为所欲为了，最终搬起石头砸自己的脚，酿成全球金融危机。

基础设施互联互通资金缺口巨大。根据世界银行的统计数据，发展中国家目前每年基建投入约1万亿美元，但要想保持目前的经济增速和满足未来的需求，估计到2020年每年至少还需增加1万亿美元。到2030年，全球预计将需要57万亿美元的基础设施投资。按照世界银行前高级副行长林毅夫教授模型分析，发展中国家每增加1美元的基础设施投资，将增加0.7美元的进口，其中0.35美元来自发达国家。全球基础设施投资将增加发达国家的出口，为其创造结构性改革空间。其实，发达国家基础设施要升级换代，比如要建信息港、数字通关、智能电网、智慧城市等，而发展中国家普遍面临基础设施短板困扰。麦肯锡咨询公司对基础设施建设的乘数效应进行了估算，预计每10亿美元的基础设施建设投资可以创造3万到8万个就业岗位，并新增25亿美元的国内生产总值。故此预测，如果硬件和软件的基础设施建设在这些沿线国家能够成功，到2050年，"一带一路"沿线区域将为全球带来80%的国内生产总值增量和 30 亿新中产阶层。在可持续发展方面，可以把非化石能源占一次能源消费比重提高到 25% 以上。

> 基础设施与经济发展水平的关系：
>
> 经济欠发展阶段：经济生活对基础设施需求度较低；
>
> 经济发展阶段：经济发展对基础设施的需求迅速增长，可供的公共资金与实际需求之间存在较大缺口；
>
> 发达阶段：基础设施基本完善，经济发展重要通过创新拉动。

现在发达国家也受"一带一路"倡议刺激，越来越重视本国和盟友的基础设施建设了。这证明"一带一路"倡议在引领国际合作脱虚向实，通过造福所有人的基础设施与互联互通，逐步消除全球金融危机爆发的根源，善莫大焉。

总之，炒作"一带一路"债务陷阱，是对中国意图、方式、结果的担心，对自身利益、权力、体系甚至观念的担心，狭隘而短视，混淆视听，推卸责任，不得人心。

## 二

对"一带一路"的债务问题要历史地看，并进行结构性观察：

　　首先，部分亚非拉发展中国家债务负担沉重有着复杂的历史背景和现实情况。从本质上讲，它们面临的债务负担不仅仅是自身经济和金融问题，而是长期以来不公正、不合理的国际经济秩序的产物。这种不公正、不合理的具体表现就是，以美元为核心的国际货币体系，以跨国公司为垄断的国际生产体系，以不等价交换为特征的国际贸易体系，而发达国家不断利用国际经济旧秩序向发展中国家转移危机和困难，严重损害发展中国家的经济发展。坦率地讲，那些炒作"债务陷阱"的西方发达国家才是发展中国家债务负担的始作俑者和罪魁祸首。

　　其次，发展经济和改善民生才是发展中国家最紧迫的任务，"一带一路"项目主要投资于基础设施，给相关国家带来的是发展和希望。实践证明，发展中国家基础设施的完善程度决定了它的经济发展潜力和减贫力度。正如2018年10月26日，肯尼亚总统乌胡鲁·肯雅塔在接受CNN著名财经记者、主持人理查德·奎斯特专访时所说："我们肯尼亚的债务是被用来缩小基础设施差距的。10年之后，我们有新公路、新铁路。所有这些都将提升商业发展，为肯尼亚的年轻一代带来工作机会。"据统计显示，从2012年到2017年，中国与共建"一带一路"国家基础设施共建成果显著，亚吉铁路、蒙内铁路竣工通车；中老铁路、中泰铁路、雅万高铁、匈塞铁路开工建设；中国-白俄罗斯工业园、柬埔寨西哈努克港经济特区、埃及苏伊士经贸合作区等成为"一带一路"产业合作的典范；斯里兰卡汉班托塔港、巴基斯坦瓜达尔港、希腊比雷埃夫斯港等运行顺利。这些合作共为当地创造了逾24万个就业岗位，上缴东道国税利达20.1亿美元。

最后，从债务结构分析，中国在发展中国家的债权比重很低，发展中国家的最大债权人恰恰是西方发达国家和世界银行、国际货币基金组织等国际金融机构。数据表明，2000年至2016年，中国对非贷款仅占非洲总体对外债务的1.8%，且主要集中在基础设施等行业。以斯里兰卡债务为例，斯央行数据显示，该国主要债权国是日本和欧美国家。2017年，斯外债总额达518.24亿美元，其中中方贷款余额约55亿美元，仅占斯外债总额的10.6%。

会做还要会说。如何回应"一带一路"的"债务陷阱"？

首先，纠正观念。将"一带一路"混淆为对外援助，而欧洲对非援助造成"债务陷阱"。这是"债务陷阱"炒作的最重要误解。其中的暗含逻辑是中国正在犯欧洲对非援助导致债务陷阱的错误。"一带一路"倡议聚焦基础设施和互联互通，分享中国"要致富先修路"的经验，因为基础设施的乘数效应，通过鸡下蛋、蛋生鸡的逻辑，创造未来经济繁荣，而援助可能把鸡炖汤喝了，为此造成债务。

其次，讲清事实。搞基础设施一般都是要借钱的。中国改革开放初，也大量借世行、亚行的钱搞基建，当经济快速发展起来，没有出现债务危机。最近的例子是贵州，从经济垫底的中国省份变成经济最快增长的，原因就在于高铁网、大数据基础设施拉动。全球债务危机是美元霸权造成的，中国主张国际合作解决债务危机。

最后，揭露真相、实质。已故斯坦福著名经济学家麦金农说，每一次拉丁美洲的金融危机的情绪就是美国人在拉丁美洲乱贷款。金融危机爆发的原因就是美国商业银行在拉美盲目贷款所导致的。因此炒作"一带一路"的债务治理，是西方某些国家为转嫁矛盾、栽赃中国，真是贼喊捉贼啊！

"一带一路"建设得怎么样，当地人民最有发言权。没有哪个发展中国家是因为与中国合作而陷入债务困难的。相反，与中国的合作帮助这些国家提高了自主发展能力和水平，改善了当地民众的生活。美国真的关心这些国家的国计民生，就应干点正事儿，真正聚焦实体经济和民生工程，与中国共建"一带一路"。

不仅当地人民关注债务危机，中国当然关注债务危机，作为投资方，中国国内还关心自身的债务危机呢。国内老百姓质问：国内经济面临下行压力，要用钱的地方很多，为何要去投资共建"一带一路"国家中那些高风险国家？投资"一带一路"项目会不会打水漂，无法实现经济收益？

看来,炒作"一带一路""债务陷阱"部分出于误解,误解是要么把它当作对外援助,要么把它视为对外撒钱,担心是否引发债务危机。

更麻烦的是有意误解。

国际上有大量研究表明,共建"一带一路"国家中个别国家的债务问题,与"一带一路"建设及其项目没有必然联系,早在"一带一路"倡议提出之前,一些国家债务水平原本就很高,而且主要是从其他国家和国际金融组织长期大量的借贷造成的,中国并非是这些国家最大的债权方。

根据美国中央情报局网站的数据发现,马来西亚的债务占其国内生产总值的比重是54.20%,世界排第90位。马来西亚这个比例,不但远远低于排第1位的日本(236.40%),第13位的新加坡(110.90%),还有第22位的法国(97%),第29位的英国(87%)、第34位的美国(82.30%),以及第78位的越南(58.20%)。因此,如果马来西亚现任政府认可美国中央情报局数据的话,马来西亚的债务水平处于中等,风险并不高。但是如果马来西亚政府不认可美国中央情报局的数据,为了消除外界的疑虑,建议马来西亚现任政府公布债务的细节,这样,国际社会就可以很快了解到底谁的数据才是正确的。

尤其重要的是,最近国际舆论关注的中国"债务外交"问题,是否也可以请马来西亚现任政府,公布对外债务当中来自中国的债务占有多少比例。是100%、50%、30%、10%？如果只是10%至30%的债务来自中国，指责中国进行"债务外交"并不公平。而如果是50%或以上，那完全可以指责中国在马来西亚进行"债务外交"。因此，也希望马来西亚政府公布马来西亚的债务中，来自中国的债务占有多少比例的数据细节。如果中国不是占最大比例的话，那么哪些国家是占最大比例，也请马来西亚政府公布细节。

根据斯里兰卡中央银行的统计数据，2017年，中国的贷款仅占斯里兰卡外债的10%左右，其中61.5%是低于国际市场利率的优惠贷款。因此很明显，来自中国的贷款并不构成斯里兰卡外债的主要负担。2000年至2016年，中国对非洲国家的贷款仅占非洲外债总额的1.8%。因此，非洲国家债务缠身的问题，从数据上可知，也并非由中国所引起。太平洋岛国的情况也相似。根据澳大利亚国立大学两位学者 Rohan Fox 和 Matthew Dornan 发表的《中国在太平洋：中国在制造"债务陷阱外交吗"？》（China in the Pacific: is China engaged in "debt-trap diplomacy"?）报告，也可得出类似的结论。两位学者通过国际货币基金组织和亚洲开发银行的数据，分析了从2008年至2017年太平洋岛国的债务情况，他们得出的结论是：在太平洋岛国的112亿美元总外债中，来自中国的外债是13亿美元，占太平洋岛国总外债的12%。（China holds around 12% of the total debt owed by

Pacific nations, or US $1.3 billion out of US $11.2 billion in debt in the years in question.)此外,我们认为,一个国家适当的外债,有助于提升该国的经济发展。尤其是在当今国际激烈的竞争下,哪个国家能够大量、低成本、可持续地吸引到外国的资金,哪个国家就能够获得竞争优势,一个国家的融资能力,体现了这个国家的发展前景。[1]

三

混淆视听,将历史累计债务说成是中国今天造成的,把国债说成外债。从经济学上看,国债和外债是有区别的。国债是由一个国家的中央政府,为筹集财政资金而发行的一种政府债券。马尔代夫的国债占国内生产总值的比重为 68.1%,这意味着马尔代夫政府是为筹集政府的财政资金,用来支付国家的行政开支、医疗开支、教育开支等公共开支,而向国内外发行的债券,这些通过向国内外筹集资金所形成的债务占国内生产总值的 68.1%。对此,国债占国内生产总值比重的高低,只与马尔代夫政府发行多少政府债券有关,与中国无关。

"一带一路"倡议并非中国的独奏,而是世界的合唱,强调借力,中国只是发起融资方之一,提供关键项目的种子基金,吸

---

[1] 梁海明、冯达旋:《中国是否通过"一带一路"推行"债务外交"》,FT 中文网,2018 年 11 月 20 日。

引国际金融市场融资，包括：世界银行、亚洲开发银行等其他开发机构贷款。丝路基金，首批 400 亿美元。丝路基金有限公司已于 2014 年年底挂牌。金砖国家开发银行、上合组织开发银行、海上丝绸之路银行。中国发起成立的亚洲基础设施投资银行初始资本金 500 亿美元，类似欧洲投资银行融资模式。"一带一路"倡议强调创新合作模式，尤其是融资模式，包括公私合伙（PPP）、总承包 EPC 模式（Engineering, Procurement, Construction, 设计 + 采购 + 建设）等，具有九大资金平台：丝路基金、亚投行、金砖银行、欧洲复兴开发银行、国家开发银行、中国 – 东盟投资合作基金（进出口行）、中国保险投资基金、中非产能合作基金（外汇储备，进出口行）、丝绸之路黄金基金。

# 六问（动机）：
## "一带一路"倡议是在挑战国际规则吗？

### 一

"一带一路"倡议机制是否开放透明？规则导向还是发展导向？这成为"一带一路"倡议的西方典型之问。

美国政府高官曾表示，中国试图通过"一带一路"倡议建立自己的规则和准则。这是典型的以己度人，可以说是"以小人之心度君子之腹"。"一带一路"倡议共商共建共享的原则，何谈中国建立自己的规则？以亚投行为例，目前亚投行的主要结算货币是美元，并始终坚持"lean, green, clean"的高标准，正如20世纪60年代成立的亚洲开发银行没有对世界银行造成冲击一样，亚投行也不会对现有金融体系造成冲击。

而韩国总统文在寅和日本首相安倍相继表示，愿与中国就"一带一路"倡议开展对接。这一方面体现了两国领导人改善对华关系的意愿，另一方面也证明"一带一路"倡议正受到国际社会更广泛的认同。这与美国的态度形成了强烈反差。

西方对"一带一路"倡议各种各样的质疑，反映西方不习惯、不甘心、不认可、不看好中国发展模式及其国际推广。将"一带一路"倡议的提出看作中国试图改变现有地区和国际秩序、获得地区和全球主导权的国家战略，即中国试图改写国际规则，完全是将对自身国际影响力下滑迁怒于中国，迁怒于"一带一路"倡议。中共十九大后，"一带一路"建设被写进党章，更让西方民粹主义找到了转移视线、转嫁矛盾的靶子，于是指责中国从指责"一带一路"倡议开始。

"一带一路"倡议提出以来，截至2019年4月，中国通过平等协商，已经同160多个国家和组织签署合作协议，同30多个国家开展了机制化产能合作，在沿线24个国家推进建设75个境外经贸合作区，中国企业对沿线国家投资累计超过500亿美元，创造逾24万个就业岗位。这些数据充分证明，"一带一路"倡议的本质是互利共赢的，得到了沿线国家和国际社会的广泛支持和欢迎。这里面，哪一个是中国强加于人的?! 中方从来没有，也不会寻求建立一国主导的规则。"一带一路"倡议不是要搞什么"小圈子"，也不针对任何国家，而是开放包容的。

如果说"一带一路"倡议推行以来改变了什么，那就是推动了全球化朝向开放、包容、均衡、普惠、可持续方向发展。

自古丝绸之路中断后，欧洲人走向海洋，通过地理大发现殖民世界，开启所谓的全球化。然而这是真正的全球化吗?打开"夜晚的世界"图可以发现，只有那些生活在亚洲的日本、北美和欧洲的发达国家沿海地区灯火辉煌，证明其实现了现代化，而在世界的其他地方卫星上看不到灯光，依然生活在"贫困的黑暗"之中，所以"一带一路"倡议就是要让所有人在晚上都有电，见到光，这才能搞工业化。按照世界银行数据，当今世界产出的八成来自于沿海地区的一百千米的地带，因为地球 71% 面积被海洋覆盖，90% 的贸易通过海洋进行。这种西方中心的海洋型"全球化"其实是"部分全球化"（partial globalization），我们还需要更多的互联互通，帮助内陆地区寻找海洋，帮助"南方国家"实现工业化，助推人类文明的共同繁荣，打造更"包容的全球化"（inclusive globalization）。

如果我们把作为古代东西方贸易与文明交流之路的丝绸之路称为"全球化 1.0 时代"：其单元是文明，载体是欧亚大陆，动力是贸易–文化，遵循的"和平合作、开放包容、互学互鉴、互利共赢"丝路精神。将近代西方开创的全球化称为"全球化 2.0 时代"：以民族国家为单元，通过海洋实现全球贸易–投资扩张，确立西方中心世界。那么"一带一路"倡议是 21 世纪的洲际合作倡议，不只是打通历史上中断的丝绸之路，而是借助丝绸之路的概念，开创新型全球化——"全球化 3.0 时代"：秉承"万物互联"（all things connected），运用 3D 打印机、大数据和智慧城市，推动 E-WTO 进程，开发和应用包容性技术——改变传统技术让强者更强、弱者更弱的状态，创新和实施包容性制度安排——推动国际贸易、投资规则更加公正、合理、包容，开创包容性全球化——实现持久和平、共同繁荣的千年梦想。

因此，"一带一路"倡议旨在圆梦欧亚大陆互联互通的百年憧憬，携手开创全球化 3.0 时代。

"一带一路"倡议着眼于欧亚地区的互联互通，着眼于陆海联通，是对传统新自由主义主导的全球化的扬弃。美国战略家康纳（Parag Khanna）在《超级版图》（Connetography）一书中提出，传统全球化——关税减让，最多能推动世界经济增长 5%，而新型全球化——互联互通，将推动世界经济增长 10%～15%。因此，"一带一路"倡议的推行将给全球化提供更强劲的动力，并推动改革传统全球化朝向开放、包容、均衡、普惠的方向发展。彭博社预测，到 2050 年，伴随着"一带一路"的建设会新增 30 亿中产阶级，并在未来 10 年，新增 2.5 万亿美元贸易。

通过"一带一路"建设，中国将开展更大范围、更高水平、更深层次的区域合作，共同打造开放、包容、均衡、普惠的区域合作架构。同时，"一带一路"倡议打造"绿色丝绸之路""健康丝绸之路""智力丝绸之路""和平丝绸之路"，让公民在其中有更多的参与感、获得感和幸福感。可以说，"一带一路"倡议是公民版本的全球化,是"南方国家"的全球化,这与跨国公司或少数利益集团把世界变成投资场所的全球化有本质的不同。这大概是让西方不安的原因吧!

## 二

2017 年年底,日本表现出对参与"一带一路"项目的开放态度,但强调其参与的前提是这些项目符合国际标准、公开透明。2018 年 1 月底,来华访问的英国首相特雷莎·梅也是拿国际规则说事儿,未能与中国签署共建"一带一路"政府间合作文件。美中经济与安全评估委员会 2018 年 1 月 25 日举行"中国的'一带一路'倡议:五年之后"听证会,建议美国加强对"一带一路"区域基础设施的标准和规则投资,包括政府采购、环境与社会安全、债务可偿还率等,倡导基础设施建设的结果和进程的质量导向。

"一带一路"建设必须争取西方发达国家参与,而西方参与也是希望参与制定相关规则,确保中国遵守西方在全球投资、贸易、基础设施建设等领域设定的人权、劳工、环保等各项标准,从内部影响"一带一路"建设相关规则的制定、适用标准的选择,将来在重大项目决策方面可能与中国产生矛盾和摩擦,竞争博弈难以避免。因此,必须讲清楚中西方围绕"一带一路"建设的国际规则之争为何发生,到底在争什么?

"一带一路"建设强调以企业为主体、政府服务、市场原则、国际标准和共商共建共享原则。中国不会也没必要另起炉灶，推翻西方规则，原因有三：

其一，中国文化如太极所显示的，强调借力而不是对抗。正如此，发展中国家不断表示，愿与中国就"一带一路"倡议开展对接。这与西方态度形成了强烈反差。

其二，中国做法是实事求是。西方一些人认为，中国试图通过"一带一路"倡议建立自己的规则和准则。这是典型的以己度人，有些小人之心度君子之腹。"一带一路"倡导共商共建共享原则，哪来中国建立自己的规则？以亚投行为例，目前其主要结算货币是美元，并始终坚持"lean, green, clean"的高标准，正如20世纪60年代成立的亚洲开发银行没有对世界银行造成冲击一样，亚投行也不会对现有金融体系造成冲击。

其三，历史教训。远的苏联另起炉灶挑战美国最终失败不说，就是最近的互联网发展就是鲜活的教训。在3G时代，中国搞了一套标准叫TD-SCDMA，与世界各国不兼容，是一个孤岛技术。国家花了不知道多少钱，号称有自主知识产权，但仍然要向高通交专利费。到了4G时代，我们叫TD-LTE，给人一个印象是TD-SCDMA的后续演进技术，实际上并不能对TD-SCDMA后向兼容，仍然要向高通交专利费，但有了面子可以下台阶了。5G时代，我们放弃了另搞一套标准的做法，完全在国际标准体系下，按国际规则来赢得话语权。华为在 5G 标准上的成功证明了我们是可以在国际标准组织中扩大我们的影响的，这是一条公正的道路。

三

"一带一路"的国际规则中西之争，反映的是宗教文明与世俗文明的分歧。宗教文明强调教义，演绎为规则，规则是人与神的契约，不可轻易改动；世俗文明强调实事求是，认为规则是人定的。这演绎为中西方对"一带一路"规则之争，不仅是谁的规则之争，双方对规则本身的理解就不一样。

中西方围绕"一带一路"建设中的规则、标准之争，超越利益范畴，反映两种全球化之争，核心是发展模式之间的较量。

"一带一路"倡议中所蕴含的中国模式包括：

（1）政府-市场双轮驱动：像乌兹别克斯坦这样的双重内陆穷国，按市场经济是很难获国际金融机构贷款的，但获得了国家开发银行贷款，彰显"政府＋市场"双轮驱动的中国模式魅力。印尼雅万高铁之所以中方击败日方胜出，就在于中方绕开了印尼方政府担保的前提，背后都是中国国有银行的支持。中国模式在非洲正大显身手。非洲第一条中国标准跨国电气化铁路，从设计、施工到运营，全都采用了中国模式，肯尼亚的蒙内铁路和蒙巴萨港口建设也是如此。

（2）基础设施先行的工业化：过去，中国有"火车一响，黄金万两"的说法，改革开放又有"要致富，先修路；要快富，修高速；要闪富，通网路"的脱贫致富经验，让世人尤其是发展中国家人民很容易为"一带一路"四个字所打动。30余年将7亿人脱贫致富，占人类脱贫致富贡献的七成，这是激励许多发展中国家愿意跟着中国走，积极融入"一带一路"倡议的最直接动因。没有基础设施，就很难实现工业化；没有实现工业化，民主化就注定失败。

（3）经济走廊：中国改革开放探索出了一条"工业走廊、经济走廊、经济发展带"模式，先在沿海地区试点，继而在内陆港口城市和内陆地区试点推广，形成经济增长极、城市群，带动整个中国的改革开放。现在，"一带一路"倡议要让非洲市场以点带线，以线带片，从基础设施（港区铁路贸五位一体）互联互通着手，帮助非洲获得内生式发展动力，形成经济发展带，实现工业化和农业现代化，共同脱贫致富。

（4）开发性金融：不同于商业性金融和政策性金融，开发性金融不只是金融活动，同时还是一个制度建设的活动。共建"一带一路"中的很多国家的市场经济制度不健全，中国就希望通过金融服务的推广来帮助这些国家进行制度建设。这就是开发性金融。

（5）开发区模式：利用开发区模式在"一带一路"国家投资，

有利于防范风险，抵御外部干扰，保护开发者和投资者。不仅发展中国家在学习，发达国家也在试点。西哈努克港、皎漂港、瓜达尔港、蒙巴萨港成为柬埔寨、缅甸、巴基斯坦和肯尼亚的深圳，促进了这些国家的改革开放、陆海联通和经济起飞。

（6）义乌小商品市场模式：非常适合发展中国家的商业交易平台模式。如今，结合跨境电子商务、互联网金融，这种模式在中欧班列中大显身手，有效推动了中小企业走出去，促进全球化的当地化。

（7）地方合作模式：中欧班列从"渝新欧"开始的短短 5 年，便累计开行 6235 列，2017 年开行数量达 3271 列，安排班列运行线 57 条，国内开行城市达到 35 个，顺畅连接欧洲 12 个国家 34 个城市，运载的货物品类日益丰富，创造了地方合作的奇迹，地方领导人的政绩竞争及补贴模式。虽然一度造成回程空车现象，受到欧洲一些人的非议，但形成规模、系统效应后，从长久来看，将极大推动欧亚大陆的互联互通。

中国模式也可称为中国发展模式，是问题导向与目标导向的结合，核心是"有为政府 + 有效市场"，既发挥好"看不见的手"，又发挥好"看得见的手"的作用，创造和培育市场，最终让市场起决定性作用，给那些市场经济未充分发展起来的国家走工业化道路，提供了全新的选择，解决了市场失灵、市场失位、市场失真这些西方鼓吹的自由市场经济所解决不了甚至不想解决的难题。

中国文化自古是取经文化，不是送经文化，所以中国不会输出中国模式。正如习近平在中国共产党与世界政党高层对话会上的主旨演讲中指出的，中国愿同世界各国分享发展经验，但不会干涉他国内政，不"输入"外国模式，也不"输出"中国模式，不会要求别国"复制"中国的做法。

但是西方就是不相信，背后是对中国模式的不理解、不认可，不能放弃自以为是的普世价值观。最近的中国"锐实力"说，就是典型例子——不承认中国的软实力，自以为是不能做到实事求是。

## 四

"一带一路"倡议在新时期推行开放、包容、均衡、普惠、可持续的全球化，倡导将分裂的世界、分割的市场互联互通起来，形成平等、横向的合作架构，解决跨国公司全球分工所推行的发展中国家向发达国家单向度开放，或主要是发达国家间联系的全球化所产生的不公正、不均衡发展问题；倡导战略对接，将发达国家、发展中国家、新兴国家最广泛连接在一起，真正实现东西、南北、中外、古今的大融通。

这种理想遭遇现实困境严峻挑战："一带一路"倡议之六大经济走廊沿线 60 多国中，其中有 8 个在最不发达国家之列，16

个是非 WTO 成员,24 个国家人类发展指数低于世界平均水平,在这些国家,如何能一刀切地实行欧洲倡导的高标准市场原则?

# 五

中国主张,发展是解决所有难题的总钥匙;规则当然重要,但要不断成熟、循序渐进形成。中国改革所探索出的政府－市场双轮驱动经济发展模式正在补"一带一路"沿线国家发展短板,带来基础设施建设的第一桶金,通过"养鸡取蛋"而非"杀鸡取卵"的方式来增强自主发展能力,同时培育了新的市场。中国改革开放探索出一条"工业走廊、经济走廊、经济发展带"模式,现在"一带一路"倡议以此为借鉴,要让非洲市场以点带线、以线带片,从基础设施("港区铁路贸"五位一体)互联互通着手,帮助非洲获得内生式发展动力,形成经济发展带,实现工业化和农业现代化,共同脱贫致富。

然而西方近年对自身发展模式不再自信,面对中国发展模式的竞争,颇为焦虑,迁怒于"一带一路"倡议。欧洲人对"一带一路"倡议的心态变化,曾经的抵触源于利益与标准之争。"一带一路"国际合作高峰论坛闭幕联合声明贸易部分遭欧洲抵制而推迟发表并不得不改动,就已经预示着中欧两种全球化之争:中国主张的发展导向全球化 vs.欧洲主张的基于规则的全球化。

当然，认知方式差异也是个问题。欧洲对"一带一路"倡议的担心，其中之一是因为文化差异的原因造成的，这是中欧双方的问题。中国人的做事方式是比较随机应变、有机和灵活的，较少机械式和决定论式，事情的结果往往是各种因素和力量汇聚之后的产物。而欧洲人尤其是德国人比较"一根筋"，会先明确界定目标、接着设定实现这一目标的计划，然后朝向目标前进，其运作的背后都有一套渴望实现的目标作为驱动的力量，以及能够看到、获得的实打实的利益。在它们这种"一根筋"之下，确实是比较难理解"一带一路"倡议的内涵，甚至是出现了误解。

更重要的是，西方认为中国是全球化的最大得益者，中国现在捍卫的世界贸易组织准则跟 2001 年中国加入世界贸易组织时已经不一样了。欧洲人倾向于出台更多规则，即"WTO+ 框架"。美国特朗普总统干脆对多边规则就不感兴趣，认为美国吃亏了，要重新谈判规则。欧洲认为，风险在于"被夹在拒绝多边主义的美国和倾向于维持现状的中国之间"，担心中国通过"16+1 合作"与中东欧国家达成基础设施协议，可能违反欧洲的采购原则，因此欧盟要推动中国加入世界贸易组织政府采购双多边协议，要对中国企业投资欧洲设限，防止其通过并购"窃取"欧洲核心技术，甚至威胁对中国企业征税。美欧的共同点就是认为片面强调自由贸易已经不合时宜，也要强调公平贸易。因此，尽管中国一再强调"一带一路"倡议，遵循国际规则，西方就是不买账。采用谁的规则，老规则还是新规则?这是国际规则之争。背后折射的不只是全球化的权益分配问题，也事关国际竞争力和未来主导权之争，集中在发展模式较量上。

由此看来，"一带一路"倡议的推进遭遇的最大风险并非来自沿线落后国家，而是发达国家! 个别发达国家对"一带一路"倡议的普遍质疑有债务问题、标准问题、地缘政治、透明度问题、公开采购等。这些质疑，集中反映了发达国家对中国模式和中国模式走出去的方式、成效的质疑，只要当它们最终认识到中国模式具有可借鉴时，这些质疑才会逐渐消失，而这又是对发达国家所标榜的"普世价值"的致命冲击。这些质疑通过发达国家对国际舆论影响，也深入影响到国内舆论，甚至形成国内外质疑"一唱一和"的局面。

以西方主导的国际规则统筹"一带一路"倡议，还是以"一带一路"倡议统筹国际合作;发展导向的全球化，还是规则导向的全球化，这两种博弈已经开始了。

# 六

为了规避"一带一路"倡议推进中的国际规则中西方之争，争取更多西方发达国家共商共建共享"一带一路"，建议发挥好香港的纽带作用,推动中西智库、信用评级机构、风险评估机构,法律争端解决机制合作,共同发布"一带一路"建设风险预测、绩效评估报告;推动私企、中小企业参与"一带一路"建设,形成早期收获,打造示范项目;推动成立全球基础设施协会,引入数字基础设施、绿色基础设施、可持续基础设施理念,纳入联合国框架,制定 21 世纪基础设施标准;加强中国在国际基建、软设施人才队伍建设,建设新型南南合作学院,培训发展中国家人才。

# 七问(属性)：
## "一带一路"倡议是中国的 WTO？

　　全球化的命运是与丝绸之路的兴衰分不开的。历史上的丝绸之路非常辉煌。欧洲传教士盖群英在漫长的丝绸之路旅程中如此记述："宽而深的车辙分分合合，犹如江面上的涡流。在这条路上，无数人走过了几千年，形成了一条永不止息的生命之流……"1453 年，奥斯曼帝国崛起，把东西方贸易文化交流的桥梁切断了(史称"奥斯曼之墙")，欧洲人被迫走向海洋并殖民世界，从而改变了整个世界格局，变成了西方中心的时代、海洋主导的世界，开创了海洋型全球化。其后，英美发起的盎格鲁-撒克逊全球化，到新自由主义阶段后带来全球化繁荣的同时，也酿成今天的全球化种种悖论。"一带一路"倡议的提出，超越并扬弃传统全球化，开创新型全球化。

## 一、全球化悖论

20 世纪 80 年代,里根、撒切尔推行的新自由主义,推动了贸易自由化、生产国际化、资本全球化、科技全球化为主要特征的经济全球化飞速发展,并最终帮助西方阵营赢得了冷战。美国人一度认为全球化就是美国化,宣称"历史的终结""世界是平的",政治上推行普世价值和西方民主政治,在经济上推行资本主义世界经济体系,试图让全球在政治、经济等各方面按照西方模式实现标准化。然而全球化的双刃剑也在解构美国霸权,政治多极化、经济全球化、文化多样化、社会信息化加速发展,产生去中心化效应。全球化开始走向碎片化,呈现种种全球化悖论。

(一)单向度全球化

按照世界银行数据,当今世界产出的八成来自于沿海地区的一百千米的地带, 因为地球 71% 面积被海洋覆盖,90% 的贸易通过海洋进行。这种西方中心的海洋型"全球化"其实是"部分全球化"(partial globalization),或曰单向度全球化,正如《共产党宣言》描绘的:"正像它使农村从属于城市一样,它使未开化和半开化的国家从属于文明的国家,使农民的民族从属于资产阶级的民族,使东方从属于西方。"

(二)中心-边缘模型分工体系

传统全球化形成了一套"世界分工体系",极大地整合了全球产业链,并提高了效率。这种分工体系基本上是跨国公司的全球市场配置形成的。跨国公司发展促进了生产、资本、贸易、技术的全球化,而跨国公司绝大多数是西方发达国家的。发达国家掌握了资本和核心技术,在中心-边缘模型分工体系下,它们攫取了大量的非对称利益。

(三)文明等级秩序

全球化是由西方发达国家发起的,这个国家群的主体文明是基督教文明,基于"一神教"的特性,基督教文明(尤其是新教文明)拥有相当强的征服性和排他性,所以传统贸易、资本的全球化也带来了西方中心主义价值观的全球化,其表征就是推广"普世价值"和输出"民主革命"。这本质上形成文明等级秩序,其典型特征就是地缘政治和法律意义上的内外有别:"国际公法属于界内,是理性社会创造的了不起的成就,在友好界线之内的欧洲国家必须相互尊重主权,维护国际法、履行公民社会的所有义务。可一旦欧洲人跨越友好界线,来到外部世界或化外之地,他们就没有义务必须遵守欧洲国际法,即所谓'界外无和平'。"

(四)区域化与全球化悖论

传统全球化理论认为,区域一体化是全球化的初级阶段,全球化是区域一体化的终极阶段。但在实际操作中,凡是区域一体化程度高的超国家组织会自然出现一种"圈子化"的内化性，从而抵触进一步的全球化，最典型的例子就是欧盟，在本轮世界经济危机之前，欧盟80%以上的"外贸"都是在成员国之间进行的，这种"自闭"当然不利于全球化的发展。英国的脱欧倾向表明，通过欧洲地区一体化推进全球化的逆转，英国不惜以退出欧洲单一市场的硬脱欧方式更好地拥抱全球化。

如何克服上述全球化悖论？如何改革全球化使之获得可持续发展？2010年，中国超过美国成为第一大工业制造国，三年后提出"一带一路"倡议，表明中国正引领世界工业化进程，因为全球化就源于工业化。全球金融危机爆发后，世界经济增长三成以上来自中国的贡献。国际社会的全球化期待的目光越来越投向中国，投向"一带一路"倡议。

## 二、"一带一路"：彰显中国模式与文化理念

"一带一路"倡议，全称是"丝绸之路经济带"和"21世纪海上丝绸之路"。有三个关键词：第一个是"21世纪"。"一带一路"建设首先是由铁路、公路、航空、航海、油气管道、输电线路、通信网络组成的综合性立体互联互通的交通网络，其核心词是互联互通——万物互联、人机交互、天地一体，明显体现了21世纪特色。第二个讲"带"，是经济带经济走廊与经济发展带，是中国改革开放模式经验的体现。共建"丝绸之路经济带"，以点带

面,从线到片,逐步形成区域大合作。第三个讲"路"。中国人有句话:"要致富,先修路;要快富,修高速;要闪富,通网路",在中国,"路"还不是一般的路,是道路,"路"只是实现"道"的一种方式。"道"怎么说的呢?《道德经》第四十二章说,道生一,一生二,二生三,三生万物。今天的道就是命运共同体。因此,"一带一路"不是一条,而是很多很多条,大家都有份,因为它是开放的、包容的。

通过说文解字,就不难明白,"一带一路"既有中国文化又有中国特色的发展模式。这四个字可谓浓缩了中国改革开放的经验。一百七十多年来,中国探索找到符合自身国情的发展道路或曰现代化经验,以及五千年文明智慧,也是中国改革开放、现代化和连续不断文明三重魅力的综合展示,具有鲜明的中国特色,但这个中国特色越来越对别的国家产生吸引力,具有世界意义。近年来,广大发展中国家对西方模式日益失望,乃至绝望,而对中国模式越来越感兴趣,赞赏中国脱贫致富、快速发展的奇迹。过去,中国对外援助不附加政治条件,减少了发展中国家对西方的援助依赖;现在,中国的投资模式又区别于西方模式,正在补发展中国家经济发展的短板。

"一带一路"还体现了中国理念:共商共建共享。

首先,中国倡导"共商",即在整个"一带一路"建设当中充分尊重共建国家对各自参与的合作事项的发言权,妥善处理各国利益关系。沿线各国无论大小、强弱、贫富，都是"一带一路"建设的平等参与者，都可以积极建言献策，都可以就本国需要对多边合作议程产生影响，但是都不能对别国所选择的发展路径指手画脚。通过双边或者多边沟通和磋商，各国方可找到经济优势的互补，实现发展战略的对接。其次，中国倡导"共建"。"商讨"毕竟只是各方实质性参与"一带一路"建设的第一步，接下来要进一步做好"走出去"的服务工作，同时鼓励沿线国家在引入资金、技术后培养相关人才，增强自主发展能力。只有做到了前面两点，才能保证"一带一路"建设的成果能够被沿线国家所共享。

## 三、打造"新型全球化"的路径与前景

"一带一路"倡议完全可能成为打造新型全球化的重要尝试，其路径有：

### （一）文明的共同复兴

从人类文明史看，"一带一路"倡议修订内陆文明从属于海洋文明、东方从属于西方的西方中心论，重塑均衡、包容的全球化文明，推动欧亚大陆回归人类文明中心地带。"一带一路"倡议肩负推动人类文明大回归的历史使命。

首先是推动欧亚大陆回归人类文明中心。近代以来，西方文明勃兴于海洋，东方文明走向封闭保守，进入所谓的近代西

方中心世界。直至美国崛起，西方中心从欧洲转到美国，欧洲衰落，历经欧洲一体化而无法根本上挽回颓势。如今，欧洲迎来了重返世界中心地位的历史性机遇，这就是欧亚大陆的复兴。

其次是改变边缘型国家崛起的近代化逻辑。近代以来，葡萄牙、西班牙、荷兰、英国相继从海洋崛起，并通过地理大发现与海上殖民确立世界霸权，直至二战后的美国。然而这些国家皆非处于人类文明中心地带的文明古国，而是作为世界岛的欧亚大陆的边缘国家或海洋国家，故此称霸周期无一例外没有超过 130 年。"一带一路"推动大河文明和古老文明复兴，正在改变近代边缘型国家崛起的历史，纠偏海洋主宰大陆、边缘主宰核心的局面。

"一带一路"将人类四大文明——埃及文明、巴比伦文明、印度文明、中华文明串在一起，通过由铁路、公路、航空、航海、油气管道、输电线路和通信网络组成的综合性立体互联互通，推动内陆文明、大河文明的复兴，推动发展中国家脱贫致富，推动新兴国家持续成功崛起。一句话，以文明共同复兴的逻辑超越了现代化的竞争逻辑。

（二）开创文明秩序

"一带一路"倡议开创了以文明国为基本单元的文明秩序，超越近代以民族国家为基本单元的国际秩序，实现了国际政治从地缘政治、地缘经济到地缘文明的跨越，从三个方面创新了文明的逻辑：

一是以文明交流超越文明隔阂。交流的前提是平等。不同于近代以来西方的殖民主义、帝国主义和霸权主义，以国际掠夺、竞争为常态而合作、妥协为非常态，也不同于战后西方对外援助等各种名目的国际合作模式，"一带一路"依靠中国与沿线国家已有的双多边机制，借助既有的、行之有效的区域合作平台，高举和平、发展、合作的旗帜，主动地发展与沿线国家的经济合作伙伴关系，把中国现在的产能优势、技术优势、资金优势、经验和模式优势转化为市场与合作优势，将中国机遇变成世界机遇，融通中国梦与世界梦。

二是以文明互鉴超越文明冲突。互鉴的前提是尊重。尊重文明差异性在现实生活中的体现，就是尊重发展模式多样性，鼓励各国走符合自身国情的发展道路，建立文明伙伴关系，实现"美美与共、天下大同"。"一带一路"不是去复兴古丝绸之路，而是复兴和平合作、开放包容、互学互鉴、互利共赢的丝路精神。

三是以文明进步超越文明优越感。进步的前提是学习。"凡益之道，与时偕行。"学习其他文明，学习时代新知识，才能与时俱进，适应时代发展需要，否则就会故步自封，在自我为中心的优越感中被时代淘汰。当今世界，新产业革命和产业结构调整蓄势待发，国与国争夺的焦点在于创新，创新成为国家竞争力的来源和缩小南北国家差距的重要手段。中国逐渐成为创新领先者,所提出的"一带一路"倡议着眼于 21 世纪的全球化,推动人类文明创新和各种文明的共同进步。

(三)陆海联通

从空间角度来讲,"一带一路"倡议很大程度上帮助那些内陆国家寻找出海口,实现陆海联通。比如欧洲有"三河"(易柏河、多瑙河、奥得河)通"三海"(波罗的海、亚得里亚海、黑海)的千年梦想。"一带一路"倡议激活了这一梦想,助推欧洲互联互通,形成中欧陆海快线、三海港区的大项目。另外一个是实现规模效应,现在欧洲越分越小,"一带一路"倡议提出以后,能够把小国连通在一起,建立大市场,尤其把内陆和海洋连在一起,实现陆海联通。这是"一带一路"倡议受欢迎的重要原因。

(四)全球化的本土化

"一带一路"倡议不是企业"走出去",是"走进去",跟当地国家的发展项目相结合,要适应当地的民俗、宗教,用当地人所希望的形式"落地生根",呈现"欧洲生产,欧洲消费","非洲生产、非洲消费"局面。

"一带一路"倡议扬弃传统全球化,如能开创"新型全球化",其前景正在于:

一是打造开放、包容、均衡、普惠的合作架构。所谓开放:从发展中国家向发达国家开放,到相互开放;所谓包容:公平合理分享全球化成果,实现国与国、内陆与沿海之间的共同发展;所谓均衡：南北均衡、产业均衡、地域均衡；所谓普惠：让老百姓从全球化中有更多的获得感、参与感和幸福感。

二是创新合作模式、观念：作为对互联网时代的超越，万物互联、人机交互、天地一体的时代正在到来。"一带一路"的关键词不只是丝绸之路，而是21世纪；不是简单复兴古丝绸之路，而是借助古丝路记忆，在21世纪复兴丝路精神，推动中华文明转型，解决人类面临的普遍性问题。前者被称为"一带一路1.0"，后者称为"一带一路2.0"。"一带一路2.0"开创欧亚大陆时代2.0——陆海联通、海洋时代2.0——深海时代，从地理大发现到时空大发现。"一带一路2.0"时代空间拓展到赤道、北极，延伸到南美等，以开放包容精神，开创新的全球化，将中国传统"天地人"思维拓展到"天地人海空网"，实现人机交互、天地一体，万物互联，打造21世纪人类新文明，推动中国成为新的领导型国家，通过再造世界而再造中国。

新型全球化让全球化呈现中国色彩，打上"一带一路"烙印，坚持共商共建共享原则，需要世界各国共同努力，进程绝不会一帆风顺，更不是想当然就能实现的。"一带一路"建设所面临的种种风险，为此做了注脚。

# 篇三

共建"一带一路"国家之间：
既患寡亦患不均？

# 探索：
## 以共建国家理解的方式来推进"一带一路"倡议发展

    德国历史学家斯宾格勒曾指出："民族彼此之间的理解也像人与人之间的了解一样是很少的。每一方面都只能按自己所创造的关于对方的图景去理解对方，具有深入观察的眼力的个人是很少的、少见的。"①

    这一点，对于中国公共外交的借鉴意义更突出。中国概念太中国化，不了解中国特殊文化背景的外国人很难理解，很难把中国的政治语言翻译成他国语言。到底是迁就西方的理解，还是让西方迁就中国的理解，成为中国公共外交的典型悖论。

    中国的象征——龙，翻译为西方语境中会喷火的邪恶"dragon"，容易被西方理解但也遭异化。这背后是文明的道统与通约性问题：外界能否放弃先入为主、自我为中心的认识习惯，以中

---

① [德]斯宾格勒：《西方的没落》，齐世荣、田农等译，商务印书馆，1995年，第308页。

国语境理解中国。如果中国政府用通用的国际语言来表述自己的想法，将会失去中国特色，也会因为太西方化而受到国人的批评；但完全用有中国特色的语言表达，国际社会往往不容易准确、全面地理解中国的意思。

中国公共外交的这种异化悖论——类比容易理解，但异化；不类比，又无法理解——在"一带一路"翻译中再次凸显。

在美国化的全球化难以为继之际，中国提出"一带一路"倡议这样的伟大创举，是古丝绸之路的中国化、时代化、大众化。"丝绸之路"概念是德国人李希霍芬 1877 年提出的，美国在2011年为从阿富汗撤军提出"新丝绸之路计划"，故而中国用一个很中国特色的概念——"一带一路"，才体现中国的产权。秉承"道生一，一生二，二生三，三生万物"的理念，"一带一路"绝非一条带、一条路——李希霍芬的丝绸之路（silk road）用的"路"也是单数，其实古丝绸之路有多条：茶叶丝绸之路、香料丝绸之路、瓷器丝绸之路、南方丝绸之路等，应该用 silk roads。因此，"丝绸之路经济带"概念就是中国改革开放形成的"以点带线""以线带面"等经验的外沿，通过各种经济走廊形成经济带，与海上经济走廊形成陆海联动的系统化效应。至于"21 世纪海上丝绸之路"，就是为了强调在 21 世纪如何实现港口改造、航线升级换代，不仅提升航运能力，更要做到"人海合一"，与陆上丝绸之路强调的"天人合一"相呼应。

有关部委下文统一将"一带一路"倡议翻译为"Belt and Road Initiative"(BAR)或"Land and Maritime Silk Road Initiative",而不是此前广泛流行的"One Belt & One Road Initiative"(OBOR),试图避免"一带一路"的公共外交悖论。

这种努力是有必要的,但似乎有点晚了,因为 OBOR 已经大量流行。笔者多次出国讲述"一带一路"的故事,多用 OBOR,发现与 BAR 相比差不多,老外不是误解,而是不解、听不懂——"一带一路"是什么?当然,听不懂本身就是中国特色。像"龙"翻译为 dragon 听得懂,但听得懂了往往是曲解!

"一带一路"强调共商共建共享原则,是否其名称也应遵循此原则而非中方单方面确定? 不能因为有抱怨就改,是否"一带一路"中文说法也改呢? 老外对"一带一路"概念的抱怨主要是其中没有"丝绸之路",对"带"的说法一头雾水,对"一"的提法更是莫可名状! 其实,老外抱怨的不是名称,而是内容——油画思维无法理解水墨画。

因此,"一带一路"的翻译悖论本质是名与实的悖论:名不正,则言不顺;言不顺,则行不端。虽然我们为了避免引发外界猜疑,不用"一带一路战略"的提法,改用"一带一路倡议",但"一带一路"还真的不只是倡议,而是实实在在的发展战略、合作规划。正如习近平强调的:"'一带一路'建设不是空洞的口号,而是看得见、摸得着的实际举措,将给地区国家带来实实在在的利益"。"一带一路"还是中国提供给国际社会的国际公共产品。

"一带一路"最初翻译为"One Belt and One Road"，让老外困惑不已：首先是"带"（Belt），纷纷说这跟"腰带"有什么关系？其次，就一条？我们国家在不在"一带一路"里面呢？其三，一带指陆上，一路指海上，陆上不通修路造桥情有可原，海上本来就是开阔的，修什么路（Road）哇？

虽然后来翻译为 The Belt and Road Initiative，困惑仍然。看来不如一开始就用拼音 yidaiyilu，急于推销往往欲速则不达。

# 八问(关系):
## "一带一路"建设是否破坏环境?

　　《儒林外史》记载:一个快要死的守财奴一直举着手指表示"2",家人不解,后来是因为用了两根灯芯,他很心疼。吹灭了,他也就断气了。这被认为是中国的葛朗台——守财奴形象,现在看来,这不是能源短缺时代可持续发展的要求吗? 能用一根灯芯,就不要用两根!

　　笔者小时候在农村长大,没有电,每每以凿壁偷光的故事激励自己好好学习;初中搬到县城了,终于用上电,但常断电,因此渴望光明。

　　今天,中国基本实现了村村通电,户户通水。世界上还有十一亿人没有用上电,非洲就有五亿,印度有三亿,巴基斯坦每年由于缺电,其最大城市卡拉奇平均要热死上千人! 这难道是全球化、地球村,环球同此凉热? 一带一路,就是给世界点灯!

　　为何 21 世纪的人类,仍然遭受能源短缺问题困扰? 中国经历艰苦探索，发现原因有三：

一是世界能源分布极不均衡：

* 水能主要集中在中国西南、俄罗斯、东南亚

* 风能主要集中在中国"三北"、蒙古国、中亚及俄罗斯北部沿海等地区

* 太阳能主要集中在西亚、中国青藏高原等地区

中国摸索出特高压输电技术（UHV），将青海的光伏电经过两千千米输送到上海。这就是中国的超级工程。如今，通过新疆的 750 千伏输电网络，将中亚地区的煤油变成电，输送到南亚，正如中国的针灸一样，扎一针，将热量引过来，人体就健康了，世界也是如此。

二是缺乏技术，没有实现工业化。笔者去尼泊尔调研，正如尼泊尔能源部部长曾讲的，尼泊尔位于喜马拉雅山脚下，水资源极其丰富，怎么会缺电？简直是捧着金碗讨饭吃。原来是缺乏水电站。葛洲坝投资后，正在实现能源自给，不靠印度供油了（印度时常以断油威胁尼泊尔）。类似的情形还有撒哈拉以南非洲日照充分而缺电、拉美水量充沛而缺电，中国能源企业过去投资，有水的地方发水（水电），有光的地方发光（光伏），有风的地方发风（风能），彻底解决能源短缺问题，同时减少碳排放。

三是能源使用效率很低。比如，华为公司在突尼斯搞智能电网，国家电网在塞尔维亚也是如此，极大提升了能源使用效率。

"一带一路"倡议是中国与世界分享发展经验，推行全球治理的合作倡议，让占世界人口 80% 的发展中国家不再走先污染、后治理的老路。中国不只是凭良心——己所不欲勿施于人，更要凭实力：中国有最复杂的生态环境、最密集的人口分布，依靠超强的运用能力，练就了世界上最具竞争力的绿色低碳技术和可持续发展模式，彰显了类似中医的统筹协调、标本兼治的智慧。这就是习近平主席 2015 年在联合国总部提出的全球能源互联网计划（GEI）——通过"智能电网 + 特高压电网 + 清洁能源"三位一体，实现全球能源互通有无，彻底解决人类能源短缺和转型问题，实现"既要马儿跑，又要马儿不吃草"——既要发电，又要减少碳排放。

为什么中国能做到这一点：体制上统筹协调，文化上标本兼治，所以能综合施策，实现"西电东送、北电南供、水火互济、风光互补、跨国互联"的电力发展格局。

全球能源互联网发展合作组织①办公室就设在北京，希望大家去参观访问。这是"一带一路"倡议通过中国智慧解决人类问题的很好个案。

事实上，中国正成为全球气变议程的引领者，2019 年 8 月 16 日，政治家网站发表评论文章认为，中国已经成为全球太阳

---

① http://www.geidco.org/.

能和风力发电技术最大投资方，创造了比煤矿更多的就业岗位，在化石能源转型方面迈出比预期更快更大的步伐，正在填补美国在气候变化领域留出的领导权空白。清洁能源投资不仅为改善空气质量，更关乎未来经济竞争力。中国不但看到其具有引领清洁能源革命的潜力，也已经决定这样做了。

中国拥有全球最多的可再生能源产能，由于中国的投资驱动，全球太阳能和风力发电技术成本在过去十年降低了 3/4；目前全球近半电动交通工具、近半充电基础设施，99%电动巴士都在中国，中国用 5 年时间推动全球电动汽车电池费用降低了 2/3。这不仅有助于提高中国的经济竞争力，也符合新技术和世界未来发展的方向。

同时，中国早已从应对气变的抵制者成为全球气候治理的强劲支持者，在气候外交领域开始发挥更大作用，同欧盟和加拿大一道成为气变议程的重要引领方，而美国则被实质性的边缘化了。

试想，如果没有"一带一路"，不知多少发展中国家还要走先污染、再治理的老路！共建"一带一路"就是与中国分享现代化经验的过程，避免世界走老路、走弯路。中国的市场化能力超强，西方的先进技术、高标准全球化只有通过中国的转换器，才能更好地适应世界各国国情，才能更好地完成市场化。因此，只要不带偏见、不出于私心的西方国家，都是欢迎"一带一路"倡议的。"春江水暖鸭先知。"日本庞大企业团随安倍首相访华,与中国合作开发"一带一路"市场,就是典型写照。

构建全球能源互联网,总体分为国内互联、洲内互联、洲际互联三个阶段,力争在 21 世纪中期基本建成。届时,全球清洁能源比重可提高到 80% 以上;全球 $CO_2$ 排放可控制在 115 亿吨左右,仅为 1990 年排放量的一半,可实现全球温控在 2℃ 以内的目标;逐步形成电能主导、清洁发展的能源格局。世界将成为一个能源充足、天蓝地绿、亮亮堂堂、和平和谐的"地球村"。

# 九问（效应）：
## "一带一路"建设是否导致分化？

中国加入世界贸易组织，实现市场化改革是多了不起，实现了从世界最大的农业国家到最大工业化国家的跨越。改革开放之前，中国的人均国内生产总值只有撒哈拉非洲以南国家平均水平三分之一（143 个国家中排名第 130 位），现在是世界 193 个国家的第 70 位。

所以中国才能在过去 10 年时间建成了 3 万千米的高铁，占世界的七成！美国很早就想修高铁，迄今一寸都没有建成。刚通车的港珠澳大桥，再次创造了世界交通史的奇迹！这得益于中国建立起了世界上最独立、完整、齐全的工业体系。按照联合国工业体系分类，39 门大的工业体系，191 门中等工业体系及 525 门小的工业体系，在世界上只有一个国家全部具有，这个国家就是中华人民共和国！新中国长期遭受西方封锁，自力更生、艰苦奋斗，今天可以生产"从火柴到火箭，从味精到卫星"几乎所有的东西。当然，中国在不少领域，如芯片、大飞机的发动机等落后于欧美发达国家，仍有不少核心技术受制于人。所以特朗普发起了对华贸易战，矛头直指"中国制造2025"，生怕中国在剩下的核心技术上赶超美国。"祸兮福所倚。"这会倒逼中国改革，使其更强大。

"一带一路"倡议，不仅让中国更强大，而且助推共建"一带一路"国家更强大。

一

"志合者，不以山海为远。"拉美与加勒比地区是"一带一路"倡议推动的全球互联互通计划的自然组成部分，从自然延伸到天然伙伴，角色不断提升。

正如美国学者康纳在《超级版图》一书所言：我们正在经历从自然地理、政治地理到功能地理的演变，互联互通决定了21

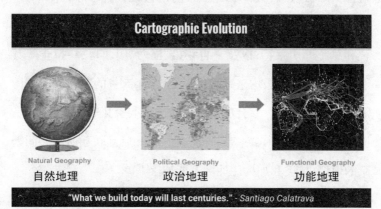

世纪的竞争力：

2018 年 1 月 22 日，中国-拉美和加勒比国家共同体论坛第二届部长级会议在智利首都圣地亚哥闭幕。东道主智利外长埃拉尔多·穆尼奥斯在圣地亚哥举行的新闻发布会上说，现在是"一带一路"国际合作来到拉美的最佳时机。正如智利总统巴切莱特所说："从前，太平洋将我们分开；如今，太平洋将我们相连。"穆尼奥斯说："科技进步更使得拉美与中国互联互通成为可能，不只是陆路、海路相连，还通过航空与互联网相连。"会议专门通过和发表了《"一带一路"特别声明》，标志着拉美从"21 世纪海上丝绸之路的自然延伸"，到"一带一路合作伙伴"的升级。

以中拉论坛第二届部长级会议为标志，习近平主席提出的共建"一带一路"伟大构想已经全面延伸到了拉美大陆，成为覆盖各大陆、连接各大洋、最受欢迎、规模最大的国际合作平台，也是中国向世界提供的最重要公共产品。阿根廷总统马克里、智利总统巴切莱特，以及来自秘鲁、巴西、墨西哥、乌拉圭等其他拉美国家的部长均来京参加了 2017 年 5 月的"一带一路"国际合作高峰论坛。参会的联合国拉美经委会秘书长阿里西亚·巴尔塞纳博士表示，"一带一路"是一个开启互联互通和共同繁荣的倡议，拉美和加勒比地区不能被落下。

习近平主席给中拉论坛第二届部长级会议开幕致贺信指

出，历史上，中拉开辟了"太平洋海上丝绸之路"。今天，双方要描绘共建"一带一路"新蓝图，打造一条跨越太平洋的合作之路，把中国和拉美两块富饶的土地更加紧密地联通起来，开启中拉关系崭新时代。

这表明，中拉合作建设"一带一路"具有历史合情性，现实合理性和未来合法性。

（1）历史合情性。"一带一路"建设在拉美及加勒比地区的拓展是历史的自然延续。早在16世纪中叶，"太平洋海上丝绸之路"就连接起中拉。通过这条海上通道，双方不仅发展了贸易往来，也促进了两大文明交流。这为中拉合作建设"一带一路"奠定了坚实的民意与感情基础。

（2）现实合理性。得天独厚的拉美及加勒比地区地域辽阔，自然资源丰富，社会、经济发展基础良好使中拉关系具有明确的相互依赖和经贸增长潜力，然而拉美国家纷纷陷入中低收入陷阱，对中国发展模式和改革开放成就赞不绝口，纷纷将本国梦与中国梦对接。中拉贸易与拉美经济发展的"同频共振"不是巧合。中国市场的强大支撑和中国经济发展的带动，在拉美经济的复苏中起到关键作用。美洲开发银行最新数据显示，2017年，拉美及加勒比地区对中国贸易出口额同比增长30%，中国对拉美出口增长贡献最大。

（3）未来合法性。建立公正合理的国际新秩序是中国和拉美国家的共同意愿。摆脱依附体系，实现现代化，打造横向互联互通全球化，是中拉命运共同体的重大使命。智利与中国正考虑在两国之间建设一条跨太平洋海底光缆，将拉美与中国连在一起。拉美和大部分"一带一路"成员国不但是发展中国家，而且在国际舞台上，分享了许多共同的利益。历史上，亚非拉国家一起高举反殖民地统治斗争的旗帜。最近，它们争取改革国际政治金融体系，推动建立一个更加公平、合理和平等的国际秩序。目前，亚非拉国家在数个多边机构有着良好的合作，诸如二十国集团、联合国、金砖五国、亚太经合组织论坛、东亚-拉美合作论坛等。正是包括了拉美国家以后，"一带一路"才成了一个新的发展中国家合作平台。

中拉共建"一带一路"有着牢固的合作基础，中国迄今已同一百多个国家和组织签署了共建"一带一路"政府间协议。"一带一路"倡议多次被写进联合国有关决议，为全球南方（Global South）建设提供了切实的合作基础。中国同智利、秘鲁、哥斯达黎加建成双边自贸区，同多个地区国家达成贸易和投资便利化安排，签署了产能合作协议。近年来，随着电子商务、数字经济的兴起，又为中拉经贸往来推开了新的大门。中拉还开展了形式多样的金融合作，其中350亿美元对拉一揽子融资安排已安排落实170多亿美元，300亿美元中拉产能合作专项基金等也已启动，并成立了为此运行的基金有限责任公司。正如中国外交部部长王毅指出的,中拉合作好比一棵果树,如果双方引来"一带一路"的清泉悉心灌溉,中拉整体合作和双边合作就能更加枝繁叶茂,结出更多甘甜的果实。在推进"一带一路"建设的过程中,中拉合作也将实现优化升级、创新发展,打造出领域更宽、结构更优、动力更强、质量更好的中拉合作新局,开辟出中拉合作的新境界。

## 二

拉美及加勒比地区的咖啡通过海上贸易远销到亚非欧,这可称为"咖啡之路"。当然,与丝绸之路是和平之路、友谊之路不同,咖啡之路是西方殖民之路。为什么其他新兴国家大多陷入中等收入陷阱,而中国不会? 就是因为中华文明从未被西方殖民,迄今是唯一连续不断的古老文明,故此才能实现伟大复兴,才能提出"一带一路"倡议。

孔子曰:己欲立而立人,己欲达而达人。"一带一路"倡议如何助推这些国家克服中等收入陷阱?

中等收入陷阱产生的原因,是这些国家产业不独立,依附于发达国家体系,国内中产阶级和教育不发达,未建成西方的富裕社会和文官制度,盲目引进西方的多党制度,产生二元经济结果及政治–经济的不匹配。西方的文官制度其实是学习了中国的科举制度,大航海时,又引进了中国的指南针和火药。

西方成功的真正秘诀是不会教你们的。中国的发展给那些既要实现现代化又要保持自身独立性的国家提供了全新的选择。"一带一路"就是分享中国经验的最重要平台。"一带一路"倡议正在推行人类新型工业化道路，纠偏西方殖民体系。中医说，痛则不通，通则不痛。"一带一路"以互联互通消除拉美"切开的血管"之痛。

麦肯锡咨询公司预测，如果硬件和软件的基础设施建设在"一带一路"沿线国家能够成功，到2050年，"一带一路"沿线区域将为全球带来80%的国内生产总值增量和30亿新中产阶层。在可持续发展方面，可以把非化石能源占一次能源消费比重提高到25%以上。为什么？因为基础设施建设具有乘数效应——每10亿美元的基础设施建设投资可以创造3万到8万个就业岗位，新增25亿美元的国内生产总值。

巴西人口、资源、技术都有优势，制度设计和观念上未认清西方把戏危害，走了弯路。中国经历艰辛的探索，不依附于任何强权，走出符合自身国情发展道路，将命运掌握在自己手里，故此才能提出"一带一路"倡议，并在全球实现对西方殖民体系的解构，助推全球南方站起来、富起来、强起来！

方式主要有：

一是横向互联互通。"一带一路"倡议着眼于欧亚地区的互联互通,着眼于陆海联通,是对传统新自由主义主导的全球化的扬弃。美国战略家康纳在《超级版图》一书中提出,未来四十年的基础设施投入将超过人类过去四千年! 传统全球化——关税减让,最多能推动世界经济增长 5%,而新型全球化——互联互通,将推动世界经济增长 10% ~ 15%。因此,"一带一路"倡议给全球化提供更强劲动力,并推动改革传统全球化,朝向开放、均衡、包容、普惠方向发展。

二是补基础设施短板,实现互联互通的系统效应。

按照世界银行数据,发展中国家每年基建投入约 1 万亿美元,估计到 2020 年每年至少还需增加 1 万亿美元。到 2030 年,

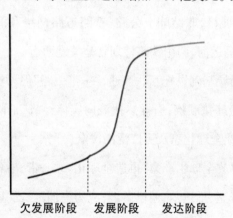

    欠发展阶段    发展阶段    发达阶段

·经济欠发展阶段:经济生活对基础设施需求度较低

·经济发展阶段:经济发展对基础设施的需求迅速增长,可供的公共资金与实际需求之间存在较大缺口

·经济发达阶段:基础设施基本完善,经济发展重要通过创新拉动

**基础设施对经济社会发展的贡献度**

全球预计将需要 57 万亿美元基础设施投资。更关键的是，基础设施要联网、升级，实现互联互通。原来私人资本不愿修基础设施，且不相互衔接。发展中国家想学习中国"要致富先修路"经验，发达国家基础设施要改造升级，实现数字化、网络化、信息化。因此，"一带一路"建设抓住了世界经济发展的牛鼻子，填补了基础设施短板，当然还包括软基础设施建设，倡导软联通，故此广受欢迎。

习近平主席在首届"一带一路"国际合作高峰论坛开幕式主旨演讲中指出："设施联通是合作发展的基础。我们要着力推动陆上、海上、天上、网上四位一体的联通，聚焦关键通道、关键城市、关键项目，联结陆上公路、铁路道路网络和海上港口网络。"巴拿马运河、两用铁路计划就是关键通道。

通过倡导基础设施互联互通，"一带一路"倡议正在治疗新自由主义全球化顽疾，引导热钱流向实体经济，消除全球金融危机之源，让全球化惠及更广泛的民众。

三是解放全球生产力，再造全球化。"一带一路"项目正在打造西哈努克、瓜达尔、蒙巴萨港，成为柬埔寨、巴基斯坦、肯尼亚的深圳。广义上说，"一带一路"正在打造海外中国，创造更多的中国奇迹。

故此，"一带一路"倡议是对传统全球化的改革，是对传统全球治理的完善，克服创新陷阱，消除金融危机根源，克服中等收入陷阱，打造包容性全球化。

# 三

巴西对与中国合作越来越积极，不少巴西有识之士呼吁巴西努力赶上去，补回国内政局变动给巴中合作带来的损失。在中拉论坛之外如何结合巴西需要，照顾巴西大国情结，开展独具特色的中巴"一带一路"合作与治国理政交流，是巴西中国问题研究网络可重点思考的问题。

"一带一路"倡议从各方面助推中巴合作，应对日益严峻的经济－安全挑战，尤其是巴西的交通物流体系建设，河流疏浚技术合作，农业和电力合作，具有巨大潜力。人民币在拉美地区国际化，中国－巴西农产品期货交易所，从棉花开始试水等，有很多文章可做。

智者驭势。企业家投资未来，政治家因势利导。希望巴西新总统抓住"一带一路"合作机遇，推动中国与拉美软硬联通，金砖国家合作和全球南方建设，超越中等收入陷阱，实现繁荣稳定，推动建立更合理、公正的国际秩序，构建人类命运共同体。

# 十问（未来）：
## "一带一路"建设是否造成对华战略依附？

条条大路通北京？"一带一路"会造成对华战略依附？这是共建"一带一路"国家的担心。

正如前文笔者提到的，"一千个读者眼中就会有一千个哈姆雷特"。这句名言提示我们，一千个人，就会有一千个"一带一路"。"一带一路"被误读，也不足为奇。因为国际社会本身对中国缺乏了解，中国历史上还没有成为过真正的全球国家，历史上如此宏大国际合作倡议由中国提出来，不理解、不了解也属正常。最典型的误读之一，就是"一带一路"倡议是中国的地缘政治战略。

一

"丝绸之路"是德国地理学家李希霍芬 1877 年在其《论中

国》一书中首提的概念。

德国地理学家
李希霍芬（1833—1905）

李希霍芬后来做了柏林大学校长，培养了很多学生，其中非常有名的一位瑞典人斯文·赫定1936年还出版了《丝绸之路》一书，让"丝绸之路"概念流行开来。赫定在书中写道："可以毫不夸张地说，这条交通干线（丝绸之路）是穿越整个旧世界的最长的路。从文化－历史的观点看，这是联结地球上存在过的各民族和各大陆的最重要的纽带。……中国政府如能使丝绸之路复苏，并使用现代交通手段，必将对人类有所贡献，同时也为自己树起一座丰碑。""中国人重新开通丝绸之路之日就是这个古老民族复兴之时。"

历史是如此契合！

丝绸之路概念的提出背景是德国1871年统一后拓展欧亚大陆地缘政治空间的冲动，正如

斯文·赫定出版了
《丝绸之路》一书

1897 年 12 月 6 日，时任德意志帝国首相的伯恩哈德·冯·比罗（1849—1929，侯爵、政治家）在国会所作演讲中的一句话："Wir wollen niemand in den Schatten stellen, aber wir verlangen auch unseren Platz an der Sonne."（"让别的国家分割大陆和海洋而我们德国满足于蓝色的天空的时代已经过去了。我们也要求阳光下的地盘。"）

因此，中国没有用"新丝绸之路"的提法，不仅是为了尊重德国人的知识产权，也避免与美国的新丝绸之路战略（2011 年）混淆。

## 二

中国改革开放的一个重要经验，也是中国建设的重要经验，就是问题导向，目标驱动。以"和平之路""繁荣之路""开放之路""创新之路""文明之路"这"五路"（现在还包括绿色之路、廉洁之路）逐步消除世界"三大赤字"：和平赤字、发展赤字、治理赤字，这就是"一带一路"；构建人类命运共同体，是中国共产党人和中华文化天下大同的初心。因此，习近平主席说，我提出"一带一路"倡议，就是要实践人类命运共同体理念。

可以说，"一带一路"与人类命运共同体是一枚硬币的两面，这也是中国传统和合文化的时代彰显：

和——人类命运共同体（目标驱动）

合——"一带一路"（问题导向）

正如《超级版图》作者康纳所指出的,世界正由自然地理、政治地理到功能地理演化：

"一带一路"倡议的核心思想正是互联互通,将世界功能性连在一起,因为人类命运早已紧密相连,主动谋划命运共同体而非被动地休戚与共,这就是"一带一路"的初衷,目的在于建设一个持久和平、普遍安全、共同繁荣、开放包容、美丽清洁的世界。

"一带一路"倡议不仅不是中国的地缘政治战略,恰恰相反,它强调战略对接、互联互通,目的就是消除地缘政治带来的隔阂,消除殖民主义分而治之带来的痛苦,最终实现民心相通。

中国的四大名著之一《三国演义》开篇即说"天下大势,合久必分,分久必合"。合而非分,才是中华文化的 DNA,当今世界已够受分裂之苦的了：民粹主义、民族主义、恐怖主义等比比皆是,需要和——和平、和谐,合——合作、共生共融。

## 三

如今已是信息时代、地球村了,为何还如此隔阂?！不了解不可怕,可怕的是有意误解。"一带一路"倡议为何被有意误解?

首先源于对中国的误解：包括三个层面,温和层面是质疑中国意图；中间层面是认定中国正走他们过去的道路——指责中国在非洲搞新殖民主义、在拉美搞新帝国主义是典型例子；极端层面是"逢中必反"：凡是中国的，对的也不对。

反过来，对中国误解，集中体现在对"一带一路"的误解上。

其次源于对时代的误解：总是习惯于从历史经验看新生事物——认为"一带一路"是复兴古丝绸之路，而且历史也是选择性记忆，是自己的历史经验，而非中国的或世界本身。"一带一路"是从后天看明天，而非昨天看明天，复兴的古丝路精神——和平合作、开放包容、互学互鉴，互利共赢，升华到构建人类命运共同体的未来高度。

中国国内也有这种倾向，"一带一路"是做乘法而非加法。国人总把"一带一路"当作"做加法"：原来不重视欧亚大陆这些国家，现在关注了，就是响应"一带一路"。其实，"一带一路"是"做乘法"——天上、网上互联互通是关键，正在织网、布局、造势：陆海空、天电网、人机交互、万物互联，而不要望文生义——一带（陆上）、一路（海上）。

再次源于自以为是：推己及人可以理解，但小人之心度君子之腹也是常见的。不自觉把西方列强的逻辑套在中国头上，认为"一带一路"是中国的"马歇尔计划"，符合国强必霸的逻辑。近代以来，中国人拜西方为师，往往也不自觉落入其思维窠臼，比如特朗普对中国发起贸易战，舆论就喊停"一带一路"，理由是"缓称王"——"一带一路"本身不是称王称霸的战略，何来

"缓称王"一说?! 有学者根据《大国的兴衰》逻辑,把"一带一路"说成是中国在"战略透支",将老年人用力过猛折了腰与青年人锻炼过度混为一谈。

因此,"一带一路"在检验"三观":中国观、世界观(时代观)、西方观(自身观);如何看"一带一路"成为如何看中国、如何看世界、如何看自己的写照。

马克思60岁学英语,晚年住在英国。我还记得中学英语课本第一课就是关于马克思如何学英语的,他告诫我们:"要学好一门外语,你就要忘记你的母语。"总是拿自己熟悉的背景作为参照系,把"一带一路"说成是"新丝绸之路",把中国说成是过去的西方列强,故此才把"一带一路"说成是中国的地缘政治战略。

当然,误解不可怕,可怕的是揣着明白装糊涂,正如永远都无法叫醒一个装睡的人那样,纵然使尽了全部努力,或许也无法改变部分怀有敌意的国际舆论对"一带一路"的刻板印象,对此,不妨坦然面对,做好充分的心理准备。

# 结语

## "一带一路"如何
## 绘好工笔画？

＊从倡议到共识，从理念到行动，从愿景到现实，"一带一路"建设行进在开拓和平、繁荣、开放、创新、文明之路的非凡征程中。

＊"一带一路"这条世界上跨度最长、最具潜力的合作带，凝聚了共建国家渴望发展的最大共识、契合了沿线国家经济升级的最迫切的意愿、提供了世界经济走出阴霾的最有效方案、展现了中国推动各国共同发展的最大诚意。

＊"一带一路"建设，倡导不同民族、不同文化要"交而通"，而不是"交而恶"，彼此要多拆墙、少筑墙，把对话当作"黄金法则"用起来，大家一起做有来有往的邻居。

＊过去几年共建"一带一路"完成了总体布局，绘就了一幅"大写意"，今后要聚焦重点、精雕细琢，共同绘制好精谨细腻的"工笔画"。

两千多年前，我们的先辈筚路蓝缕，穿越草原沙漠，开辟出联通亚欧非的陆上丝绸之路；我们的先辈扬帆远航，穿越惊涛骇浪，闯荡出连接东西方的海上丝绸之路。古丝绸之路打开了各国友好交往的新窗口，书写了人类发展进步的新篇章。

古丝绸之路上的驼铃桨声跨越时空，在21世纪奏响共建"一带一路"的交响曲。2013年，习近平西行哈萨克斯坦、南下印度尼西亚，先后富有创造性地提出了"丝绸之路经济带"和"21世纪海上丝绸之路"倡议。五年多来，从倡议到共识，从理念到行动，从愿景到现实，"一带一路"建设行进在开拓和平、繁荣、开放、创新、文明之路的非凡征程中，成绩斐然，尽显繁荣盛景。

## 一、完成总布局，绘就"大写意"

第一个五年，可圈可点。经过夯基垒台、立柱架梁的五年，共建"一带一路"完成了总体布局，绘就了一幅"大写意"。"一带一路"从理念转化为行动，连点成线到面，在广袤大陆上落地生根，在浩瀚海洋中乘风破浪，千年丝路再次焕发出蓬勃生机，为当今世界开启发展新航程。如今，"一带一路"倡议国际认同日益增强，合作伙伴越来越多，影响力持续扩大，成为全球最受欢迎的公共产品。

（一）人气越聚越旺

2018年，《国际金融论坛中国报告2018》公布了全球首份

"一带一路"问卷调查结果。这份报告由 26 个具有代表性的国家和地区中央银行的调查问卷组成,总结了"一带一路"建设五年来,中国与双边及多边就投资项目开展合作所呈现的成果、问题及经验。报告表明,63%的受访中央银行认为"一带一路"建设是极其重要乃至千载难逢的机遇,也是过去几年最重要的全球倡议之一。从一个崭新的概念到国际舞台上的"热词","一带一路"走过的五年令人赞叹。

刚开始,世界的普遍反应是好奇、观望,觉得中国提出了一个这么雄心勃勃的倡议,很有意思。但是慢慢的,涉及中国的话题就绕不开"一带一路"了。世界在谈中国的时候,不再是抽象地谈,而是有了一个具体的话题。2015 年,中国对外发布了《推动共建丝绸之路经济带和 21 世纪海上丝绸之路的愿景与行动》。这时候,世界意识到,中国倡议的"一带一路"不是空谈,而是有愿景有行动。由此,越来越多的国家对待"一带一路"的态度积极起来。

这种热情在亚投行的扩容上表现得尤为凸显。2018 年 6 月,随着黎巴嫩在亚投行第三届理事会年会上被批准作为意向成员加入,亚投行的成员总数已达到 87 个,而这一数值在 2015 年年底亚投行成立之初还只有 57 个。进一步回顾亚投行成立两年半以来的成绩单,亮眼的不仅是成员国数量的增加。目前,亚投行在 13 个国家开展了 28 个项目,并接连斩获 3 家国际评级机构最高信用评级。可以说，亚投行的成就令人瞩目，这个具有强大生命力的多边金融机构正为促进地区经济发展做着巨大贡献。

越来越多曾经犹豫观望的国家开始跃跃欲试。据法国《费加罗报》报道，法国参议院一份题为"对法国而言，'一带一路'是简单的经济标签还是世界新秩序？"的报告指出：欧盟严重缺席中国提出的"一带一路"建设，法国应在其中发挥主导作用，与中国建立商业互惠关系，进而推动欧盟也行动起来。《日本经济新闻》的一篇报道称：围绕中国"一带一路"广域经济圈构想，日本企业已经开始为寻找商机加紧行动。澳大利亚贸易和投资部长史蒂文·乔博则表示：澳大利亚和中国有着改善地区基础设施的共同目标，对"一带一路"能为地区基础设施所作的贡献，澳大利亚非常欢迎。

（二）成果越做越多

2018 年 8 月 15 日，新疆阿拉山口，一声汽笛划破黎明的寂静。由重庆始发的 2007 次中欧班列在这里完成通关手续，满载灯具、轴承等产品驶出口岸，进入哈萨克斯坦，一路朝着终点站波兰马拉舍维奇前进。

同一天，从青岛起航的中远"荷兰"号货轮正行驶在亚丁湾海域，这艘年龄与"一带一路"倡议同岁、足有 3 个足球场长的巨轮载着四千多个标准集装箱，经停希腊比雷埃夫斯等港口后，将抵达西班牙瓦伦西亚。

一陆一海,行进在"一带一路"倡议上的现代交通工具,仿佛古丝绸之路上的驼队和风帆。

中国商务部发布数据显示,2018年1至6月,中国企业对55个"一带一路"相关国家直接投资76.8亿美元,在61个"一带一路"国家新签对外承包工程项目合同1922份,新签合同额477.9亿美元,完成营业额389.5亿美元。国际道路客货运输线路开通356条,国际航线增加403条,与沿线43个国家实现直航,中欧班列国内开行城市48个,通达欧洲14个国家的42个城市,让中国很多内陆省份成为开放前沿,既扩大了出口,也增加了进口,双边贸易迅猛增长。

概括起来,"一带一路"建设形成了五大类成果:顶层设计、重大项目、规划对接、互联互通、企业行动。

一是顶层设计初步完成,四梁八柱已经建立。"一带一路"进入国际话语体系,成为国际性关键词。2016年3月,联合国安理会通过包括推进"一带一路"建设内容的决议。同年11月,联合国大会决议首次写入"一带一路"建设,欢迎"一带一路"等经济合作倡议,敦促各方通过"一带一路"建设等加强阿富汗及地区经济发展,呼吁国际社会为"一带一路"建设提供安全保障环境。该决议得到了193个会员国的一致赞同,体现了国际社会对推进"一带一路"建设的普遍支持。

二是包括蒙内铁路、雅万铁路等一大批重大项目落地。由中国承建的亚吉铁路，穿越于埃塞俄比亚和印度洋亚丁湾西岸国家吉布提之间。2018年1月运营后，两地行程由原来的7天缩短为10多个小时。农田、牛羊群和一个个工业园成为沿途风景，一条铁路成了"国家发展象征"。中老铁路全线动工，将结束老挝几无铁路的历史；雅万高铁作为中国高铁方案"走出去"第一单，建成后雅加达至万隆车程将缩短近五分之四；中泰铁路建成后将成为泰国第一条高速铁路。公路也在延伸，中巴经济走廊"两大"公路部分路段项目提前竣工通车，中吉乌运输线路实现常态化运行。港口有了新节点，斯里兰卡汉班托塔港二期工程竣工、科伦坡港口城项目施工进度过半，希腊比雷埃夫斯港建成重要中转枢纽，阿联酋哈利法港战略合作建设迈出重要步伐，缅甸皎漂特区项目谈判持续推进。能源合作深入推进，中俄原油管道复线正式投入使用，中巴经济走廊能源项目总体顺利推进。

三是与有关国家实现规划对接。"一带一路"建设不是另起炉灶、推倒重来，而是实现战略对接、优势互补。我们同有关国家协调政策，包括俄罗斯提出的欧亚经济联盟、东盟提出的互联互通总体规划、哈萨克斯坦提出的"光明之路"、土耳其提出的"中间走廊"、蒙古提出的"发展之路"、越南提出的"两廊一圈"、英国提出的"英格兰北方经济中心"、波兰提出的"琥珀之路"等。中国同老挝、柬埔寨、缅甸、匈牙利等国的规划对接工作也全面展开。

四是互联互通取得多项成果，"任督二脉"打通。多年来，政策沟通不断深化、设施联通不断加强、贸易畅通不断提升、资金融通不断扩大、民心相通不断促进。比如，通过实施"丝绸之路"奖学金计划，在境外设立办学机构等，为沿线国家培育技术管理人才。2017年，来自共建国家留学生达30多万人，赴沿线国家留学的人数6万多人。预计到2020年，与沿线国家双向旅游人数将超过8500万人次，旅游消费约1100亿美元。在贸易畅通方面，中欧班列货物品种日益多元，中亚面粉、波兰苹果、法国红酒走上了国人餐桌，中国制造的汽车、电子元件、农产品丰富着海外市场。2018年世界杯前后，10万只中国小龙虾搭着中欧班列前往俄罗斯，受到球迷的追捧。

五是大量企业行动起来，电子商务、人文交流等多个方面开始开花结果。多年来，中国企业在沿线国家建设境外经贸合作区共82个，累计投资289亿美元，入区企业近4000家，上缴东道国税费累计20多亿美元，为当地创造20多万个就业岗位。"就在大家不知道该怎么办的时候，中国企业来了。"对塞尔维亚斯梅代雷沃钢厂工人伊利奇来说，两年前的窘境历历在目。钢厂曾被誉为"塞尔维亚的骄傲"，但国际市场竞争激烈及管理不善却曾让它濒临倒闭。2016年，中国河钢集团收购该厂，带来先进的国际运营经验，同时帮助其进行设备维修及系统改造，扭转了连续7年亏损的局面，5000多名员工的工作岗位悉数保留。"救活一座厂、带动一座城"的故事，正是"一带一路"倡议下合作共赢的生动写照。

## 二、为何短时间能取得累累硕果

作为促进全球合作共赢的中国方案，跨越时空的东方智慧，"一带一路"建设不是中国一家的独奏，而是共建国家合唱的"主题"。多年来，这一倡议深入人心，得到了国际社会的广泛理解、认同、支持和参与，截至2019年8月底，已有170多个国家和国际组织同中国签署合作文件，领时代潮流，践大道之行，"一带一路"的朋友圈越来越大。

（一）打造世纪工程，顺势而为

2008年，一场肇始于华尔街的金融风暴在全球市场掀起惊涛骇浪，世界经济随之进入深度调整期。"一带一路"诞生恰逢世界经济困难重重、全球治理亟待创新完善的重要时期。

从历史维度看——人类社会正处在一个大发展、大变革、大调整时代。和平发展的大势日益强劲，变革创新的步伐持续向前。

从现实维度看——我们正处在一个挑战频发的世界中。世界经济增长需要新动力，发展需要更加普惠、平衡，贫富差距鸿沟有待弥合。

"一带一路"正是要积极探索国际合作和全球治理的新模

式。正如习近平主席在推进"一带一路"建设工作5周年座谈会上所指出的,以共建"一带一路"为实践平台推动构建人类命运共同体,这是从我国改革开放和长远发展出发提出来的,也符合中华民族历来秉持的天下大同理念,符合中国人怀柔远人、和谐万邦的天下观,占据了国际道义制高点。共建"一带一路"不仅是经济合作,而且是完善全球发展模式和全球治理、推进经济全球化健康发展的重要途径。

"一带一路"建设之所以能取得积极成果,关键在于它顺应了世界和平与发展的潮流,符合共建国家发展合作的现实需求。多年来的建设发展历程,已让越来越多的国家对"一带一路"建设的全球意义有了更深刻的认识:全球化挑战此起彼伏,单个国家难以独善其身,也无法解决世界面临的难题,而越来越多的国家在"一带一路"红利中感受到,"一带一路"建设有助于破解经济全球化困境,推动世界经济更加均衡、包容和可持续发展。

"一带一路"建设稳步推进,参与其中的国家政治制度不同、发展阶段各异、文化传统有别。"一带一路"倡议致力于促进求同存异基础上的相互协调,发掘聚同化异带来的互补潜力。"一带一路"建设,倡导不同民族、不同文化要"交而通",而不是"交而恶",彼此要多拆墙、少筑墙,把对话当作"黄金法则"用起来,大家一起做有来有往的邻居。

对于"一带一路"的前景,世界信心满满。《国际金融论坛中国报告 2018》显示,92%的中央银行预计,未来五年内,"一带一路"建设相关项目能够支持国内经济增长。其中,大多数受访者认为,"一带一路"建设可带动年经济增长近 1 个百分点。有 25%的受访者更加乐观,认为"一带一路"建设可带动年经济增长 2~5 个百分点。新加坡《海峡时报》文章用"黯淡天际的一缕阳光"来描述"一带一路"为当前世界经济复苏注入的动力。

(二)回应发展呼声,应者云集

全球一百多个国家和国际组织同中国签署共建"一带一路"合作文件,范围自亚欧大陆拓展至非洲、拉美和加勒比地区、南太平洋地区。"一带一路"受欢迎,不只因为中国创意好、口碑棒、落点实,更因为它让相关国家在受尊重中获益。各国争先恐后想抓住"一带一路"的机遇,搭上中国发展的快车和便车,甚至笑着"抱怨"邻国项目"比我们更多"。不同类型国家,欢迎"一带一路"的原因各有不同。

内陆国家:"一带一路"帮助其寻找海洋,融入全球价值链。这也是习近平主席在世界最大内陆国家——哈萨克斯坦提出丝绸之路经济带的原因。比如,中国-中南半岛经济走廊激活泛亚铁路,推动老挝从陆锁国变成陆联国。

欠发达国家:借助"一带一路"实现发展梦。如阿富汗、尼泊尔。2018 年,"一带一路"延伸至西非的塞内加尔,助推西非地区承接中国产业转移,融入全球产业链。

岛屿国家:通过港口改造升级、新港口的蛇口模式建设,提升岛屿国家竞争力。如斯里兰卡的科伦坡、汉班托塔港。

近年出现变局的国家:羡慕并效仿中国走符合自身国情发展道路。突尼斯、埃及痛定思痛,积极响应"发展是解决一切问题的总钥匙",切实认同以点带面、从线到片,逐步形成区域合作大格局的理念。

洲际、陆海联通的地区支点国家:土耳其是欧亚非连接桥梁,希腊比雷埃夫斯港是中欧陆海快线节点,蒙内铁路正向东非延伸打造东非"长三角",纳米比亚的鲸湾港则在打造西南非洲的"深圳",阿联酋、新加坡、巴拿马的互联互通节点效应进一步凸显。

地区有潜力国家:中东欧国家在"16+1"合作框架下提升了在欧洲的地位;孟加拉、柬埔寨受制于基础设施瓶颈,如今帕德玛大桥、西哈努克港极大推动了两国经济增长。

除此之外还有不少发达国家,它们在企业家推动下,呼吁参与相关项目,以吸引中国投资,开发第三方市场。一些国家纷纷积极表态愿意参与。

"不论来自亚洲、欧洲,还是非洲、美洲,都是'一带一路'建设国际合作的伙伴。'一带一路'建设将由大家共同商量,'一带一路'建设成果将由大家共同分享。"在"一带一路"国际合作高峰论坛上,习近平主席道出中国与世界携手同行的真诚意愿、作出郑重承诺。让"一带一路"的朋友圈不断扩大，越来越多的国家、国际组织和企业对"一带一路"倡议投出了"信任票"和"支持票"。

（三）践行开放包容，活力满满

多年来，"一带一路"建设于广袤大陆上开花结果，在浩瀚海洋中扬帆远航，点亮亿万各国人民的梦想。当千年丝路重焕生机，人们不禁要问：是什么让"一带一路"结出累累硕果，吸引各国携手大道之行？

融通中国梦与世界梦。"一带一路"倡议依靠中国与共建国家已有的双多边机制，借助既有的、行之有效的区域合作平台，高举和平、发展、合作的旗帜，主动发展与沿线国家的经济合作伙伴关系，把中国现在的产能优势、技术优势、资金优势、经验和模式优势转化为市场与合作优势，将中国机遇变成世界机遇，融通中国梦与世界梦。"一带一路"让世界分享中国发展经验。中国走出了一条符合自身国情的发展道路，将命运掌握在自己手里，并鼓励相关国家走符合自身国情发展道路，共同构建人类命运共同体。近年来，广大发展中国家对西方模式日益失望，而对中国模式越来越感兴趣，赞赏中国脱贫致富、快速发展的奇迹。习近平主席出访过程中，"一带一路"沿线国家领导人经常会提出一个请求：讲一讲中国的治国理政思路和经验。他们对中国的熟知令人惊叹，对中国发展政策走向保持密切关注。

"中国的发展是个奇迹。钦佩中国的发展,愿意借鉴中国成功经验。""尽管读了市面上很多关于中国的著作,却仍然不解渴。""中国'两个一百年'目标非常了不起。""愿意同中方交流借鉴改革经验,加强全方位合作。"中国改革发展的追梦征程,同沿线国家渴望发展的进程,并行不悖、携手共行。

过去,中国对外援助不附加政治条件,减少了发展中国家对西方的援助依赖;现在,中国投资模式又区别于西方模式,正在补发展中国家经济发展的短板。要致富,先修路;道路通,百业兴……这些中国的发展经验越来越多地在"一带一路"沿线国家落地生根:蒙内铁路通车一年,拉动肯尼亚经济 1.5%增长,被誉为"东非繁荣之路";"三网一化"(高速公路网、高速铁路网、区域航空网和工业化)正帮助非洲国家从经济上摆脱西方殖民统治。

包容性全球化。美国经济学家康纳在《超级版图》一书中认为:未来 40 年人类对基础设施的投资金额将超过过去 4000年,发展中国家受制于基础设施短板,发达国家受制于基础设施老化。"一带一路"建设着力推动陆、海、天、网四位一体联通,聚焦关键通道、关键城市、关键项目,联结陆上公路、铁路道路网络和海上港口网络,正在治疗新自由主义全球化顽疾,引导热钱流向实体经济,消除全球金融危机之源,让全球化惠及更广泛的民众。据专家估算,过去以关税减让为特征的经济全球化方式，最多能推动世界经济增长5%；而今以互联互通为动力的新型经济全球化，能够推动世界经济增长10%～15%。"一带一路"将给全球化提供更强劲动力，并推动传统全球化，朝向开放、包容、普惠、平衡、共赢方向发展，有效应对保护主义、民粹主义、逆全球化。

共商共建共享的原则开创新型合作模式。从哈萨克斯坦到印度尼西亚，从雁栖湖边到西子湖畔，从世界经济论坛到日内瓦万国宫……习近平主席利用多个国际场合深刻阐述"一带一路"的时代内涵和历史意义，让世界对这一造福众多国家人民的世纪工程有了更多理解和认同。共商，就是集思广益，好事大家商量着办，使"一带一路"建设兼顾双方利益和关切，体现双方智慧和创意；共建，就是各施所长，各尽所能，把双方优势和潜能充分发挥出来，聚沙成塔，积水成渊，持之以恒加以推进；共享，就是让建设成果更多、更公平惠及各国人民。回溯过去五百年大国崛起史，列强通过战争、殖民、划分势力范围等方式争夺利益和霸权，给世界带来了无尽的苦难。站在21世纪的今天，当中国的发展成为公认的"21世纪标志性事件"，这个新兴大国如何同世界相处？"一带一路"以共商共建共享为原则，以开放包容为特征，以互利共赢为追求，恰恰是对世界关注的最好回答。这条世界上跨度最长、最具潜力的合作带，凝聚了沿线国家渴望发展的最大共识、契合了沿线国家经济升级的最迫切意愿、提供了世界经济走出阴霾的最有效方案、展现了中国推动各国共同发展的最大诚意。

"中国愿同世界各国分享发展经验，但不会干涉他国内政，不会输出社会制度和发展模式，更不会强加于人。我们推进'一带一路'建设不会重复地缘博弈的老套路，而将开创合作共赢的新模式；不会形成破坏稳定的小集团，而将建设和谐共存的大家庭。"习近平主席用"五不"，廓清了外界对"一带一路"的疑虑。

"一带一路"建设不仅照顾到沿线国家，而且照顾了已有利益攸关方的关切，吸引了发达国家的参与；不仅着眼于硬联通，而且重视软联通，区域内、地区间、洲际间及陆海联通，推动了全球贸易自由化和投资便利化，为构建更具包容性、可持续和公正的国际经济体系提供了希望，不断深化的政策沟通也带来了"一加一大于二"的效果。

在联合国秘书长古特雷斯看来，"一带一路"是一种使人们相信有可能在经济发展过程中做到 "不落下任何一个人的倡议"。上海合作组织秘书长拉希德·阿利莫夫认为，在提出五年后，"一带一路"建设已经成了一个世界性的倡议。

## 三、未来走向与重点

"过去几年共建'一带一路'完成了总体布局，绘就了一幅'大写意'，今后要聚焦重点、精雕细琢，共同绘制好精谨细腻的

'工笔画'。"在推进"一带一路"建设工作5周年座谈会上,习近平主席用"工笔画"这一生动的比喻,展望"一带一路"的未来。这也意味着共建"一带一路"将在过去几年的基础上,进一步落地生根、走深走实。

(一)积极应对和规避风险

"一带一路"建设是一项长期、复杂而艰巨的系统工程,前无古人,在推进实施过程中同样面临诸多不容忽视的障碍、风险和挑战。

一是部分沿线国家政局不稳。古丝绸之路,和时兴,战时衰。"一带一路"建设离不开和平安宁的环境。古丝绸之路沿线地区曾经是"流淌着牛奶与蜂蜜的地方",如今很多地方却成了冲突动荡和危机挑战的代名词。"一带一路"沿线地区包括爆发过三次印巴争端的南亚次大陆、爆发过五次中东战争和两次海湾战争的西亚北非地区、发生过"颜色革命"的独联体地区。一些沿线国家政局持续动荡,部分地区武装摩擦和冲突频繁,加上有些国家和地区因民族宗教问题引起的极端主义、恐怖主义和分裂主义盛行,加剧了地缘政治危机。一些政治风险较高的国家因长期内战导致国家深度碎片化,社会安全环境极端危险,外部势力支持的"代理人战争"长期持续。"一带一路"实施中的基础设施建设投资大、周期长、收益慢,在很大程度上有赖于有关合作国家的政策政治稳定和对华关系状况。这些不利因素所造成的人员和财产风险是"一带一路"建设必须首先考虑的问题。

二是沿线国家发展水平参差不齐。以联合国开发计划署公布的人类发展指数来衡量，沿线国家差距显著，如新加坡的人类发展指数是阿富汗的近两倍，巨大的发展鸿沟给中国进行对外投资和产能转移提出严重挑战。以世界银行发布的营商环境指数来看，部分沿线国家在契约履行、投资保护、产权登记、建筑许可等方面问题重重。"一带一路"沿线国家包含了老牌欧洲发达国家和新兴发展中经济体，不同国家的经济发展水平和市场发育程度极为不同。有些国家法律法规比较健全，市场发育程度较高，经济环境相对稳定，为企业投资创造了便利条件；也有一些国家市场封闭，进入难度大，增加了企业投资评估的复杂性，制约了建设成果的合作共享。这些不利因素对深化相互投资及产业合作带来较大的不确定性。

三是受到若干域外国家掣肘。"一带一路"沿线关系政治复杂敏感，是大国长期博弈和较量的重点区域。美国重返亚太以来，我国与少数邻国间的矛盾明显趋于激化和复杂化。美国认为，"一带一路"倡议是日益强大与崛起的中国拓展国际影响力的战略工具，将威胁到美国在欧亚大陆及亚太地区的利益和领导地位。对于中国倡导的亚投行，美国一直不愿加入。而日本除了强化日美安保同盟，还对"一带一路"倡议保持高度警惕，在高铁等项目上与中国开展针锋相对的竞争。地处南亚的印度，不仅重视自身在南亚地区的地位和影响力，而且对中亚和东南亚地区也有利益诉求，提出的所谓"季风计划""香料之路"等概念，意图进一步强化其在印度洋的势力范围，对"一带一路"建设形成挑战。此外，还有少数国家与我国政治互信不足，对"一带一路"倡议心存疑虑，在大国之间搞平衡，借以谋取自身利益最大化，也对"一带一路"建设造成不利影响。一些国家通过各种论调抹黑"一带一路"建设，其中包括"地缘扩张论""经济掠夺论""规则破坏论""债权帝国主义论""环境破坏论"等。这些都为"一带一路"的推进形成阻碍。

（二）绘制好精谨细腻的"工笔画"

今天，"一带一路"建设已经初步完成规划和布局，正在向落地生根、持久发展的阶段迈进，今后要聚焦重点、精雕细琢，共同绘制好精谨细腻的"工笔画"。

越往前走，沿线国家之间、区域之间，越需要政策的衔接、信息的沟通、成果的展示、动力的提振。让"一带一路"行稳致远，习近平主席尤其强调，要以实效增信心："'一带一路'建设不是空洞的口号，而是看得见、摸得着的实际举措，将给地区国家带来实实在在的利益。""实实在在的利益""实实在在的获得感"，折射出有理念、更有行动的中国方式。

路是走出来的，事业是干出来的，美好蓝图变成现实，需要扎扎实实的行动。抓住沿线国家谋求合作这一最大公约数，一步一个脚印推进实施，一点一滴抓出成果。

中国将加大对"一带一路"建设资金支持，向丝路基金新增资金1000亿元人民币，鼓励金融机构开展人民币海外基金业务，规模预计约3000亿元人民币。中国国家开发银行、进出口银行将分别提供2500亿元和1300亿元等值人民币专项贷款，用于支持"一带一路"基础设施建设、产能、金融合作。

将在未来5年内安排2500人次青年科学家来华从事短期科研工作，培训5000人次科学技术和管理人员，投入运行50家联合实验室。设立生态环保大数据服务平台，倡议建立"一带一路"绿色发展国际联盟，并为相关国家应对气候变化提供援助。

中国将向参与"一带一路"建设的发展中国家和国际组织提供600亿元人民币援助，建设更多民生项目。中国将向"一带一路"沿线发展中国家提供20亿元人民币紧急粮食援助，向南南合作援助基金增资10亿美元，在沿线国家实施100个"幸福家园"、100个"爱心助困"、100个"康复助医"等项目。我们将向有关国际组织提供10亿美元落实一批惠及沿线国家的合作项目。

……

2017 年首届"一带一路"国际合作高峰论坛 279 项成果中，目前有 265 项已经完成或转为常态工作，剩下的 14 项正在督办推进，落实率达 95%。

"推动共建'一带一路'走深走实，造福沿线国家人民"。在推进"一带一路"建设工作 5 周年座谈会上，习近平对下一阶段推进共建"一带一路"工作作出了全面部署，对推动共建"一带一路"走深走实提出了明确要求。比如，在项目建设上下功夫，注意实施雪中送炭、急对方之所急、能够让当地老百姓受益的民生工程。在开拓市场上下功夫，引导有实力的企业到沿线国家开展投资合作。推动教育、科技、文化、体育、旅游等领域交流蓬勃开展，围绕共建"一带一路"开展卓有成效的民生援助，等等。

多年的实践证明，"一带一路"建设顺应时代潮流，适应发展规律，符合各国人民利益，具有广阔前景。我们要沿着正确的道路，坚定不移地走下去，把"一带一路"真正打造成一条和平之路、繁荣之路、开放之路、创新之路和文明之路。

随着"一带一路"壮美画卷徐徐打开，人们有理由断言，当未来的历史学家重新审视 21 世纪初人类社会的变迁，中国这个拥有近 14 亿人口的发展中大国以自己的智慧和力量为全球福祉不懈努力，必将成为重要事件之一。

附　录

# 附录一：
## 全球对"一带一路"倡议整体反响积极①

国际智库发展观察小组撰　刘倩倩编译

　　2019年2月6日,位于比利时布鲁塞尔的布鲁盖尔研究所(Bruegel)发布题为"各国对'一带一路'倡议的看法:基于大数据的分析"的研究报告。报告利用谷歌 GDELT 数据库,对130余个国家和地区在2017年5月至2018年4月期间有关"一带一路"倡议的各类新闻报道进行了定量分析,并对与"一带一路"相关的主要议题进行了鉴别。报告指出,全球对"一带一路"倡议整体反响积极,但一些国家对"一带一路"倡议心存恐惧,"贸易"是导致这些恐惧的主要因素。

---

　　① 布鲁盖尔研究所大数据分析报告,原文见:Countries' perceptions of China's Belt and Road Initiative: A big data analysis, See http://bruegel.org/2019/02/countries-perceptions-of-chinas-belt-and-road-initiative-a-big-data-analysis/。

报告同时指出：①"一带一路"参与国与非参与国对"一带一路"倡议的看法总体上并无明显差别；②"贸易"一词在媒体中出现的频率会影响人们对"一带一路"倡议的看法，"贸易"在报道中出现的频率越高，人们对"一带一路"倡议的看法越趋于负面；③虽然关于"投资"的报道也广受关注，但与各国对"一带一路"倡议的看法并无直接关联。

## 基于区域及国别层面的分析

地区层面，除南亚外，其他各地区对"一带一路"倡议看法均较为积极。

中亚地区和撒哈拉非洲地区对"一带一路"倡议看法最为积极。中国与这些地区在"一带一路"倡议之前就建立了长期友好的关系。几乎所有的中亚国家对"一带一路"倡议的看法都非常积极。

东亚地区和太平洋地区也普遍表现出对"一带一路"倡议的强烈支持。在该地区，老挝对"一带一路"倡议看法最积极，西太平洋岛国瓦努阿图对该倡议评价最负面。

在欧洲，虽然非欧盟国家接受"一带一路"投资更多，但欧盟国家比非欧盟国家反映更加积极。波兰、波黑和乌克兰对"一带一路"倡议的评价最为负面。

南亚国家对"一带一路"倡议整体持负面评价。印度、不丹和马尔代夫位居世界对"一带一路"倡议印象最差的十国之列。这与该地区和中国长期以来存在的边界争端和经济竞争等问题有关。

在北美地区,尽管众多对"一带一路"倡议的批判和指责来自美国,但事实上美国对"一带一路"倡议的态度五年来总体略显积极。从某种意义上也反映出美国国内各利益集团对该倡议的态度迥异。

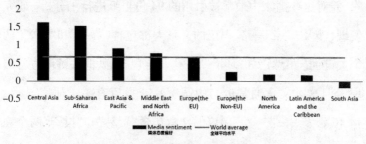

对"一带一路"倡议态度的地区比较

来源:布鲁盖尔研究报告(第5页)。

国家层面,各国对"一带一路"倡议的评价差异较大。

欧洲和亚洲国家对"一带一路"倡议看法两极化明显,说明"一带一路"倡议与两地区的合作最深,不同的国家给出了不同的评判。

全世界对"一带一路"倡议持最积极评价的国家是博茨瓦纳,持最消极看法的国家是马尔代夫。

在欧洲,"一带一路"倡议参与国比非参与国对"一带一路"

倡议的评价更差,如波黑和波兰("一带一路"倡议参与国)比荷兰("一带一路"非参与国)好感度差,表明"一带一路"项目并不必然有利于中国形象的提升。①

## 贸易对"一带一路"倡议看法的影响

报告还对影响人们对"一带一路"看法的主要因素进行了识别。研究人员选出了每个地区持最积极和最消极观点的国家,并对这些国家中最常被引用的 94 份报纸进行了分析。研究发现,涉及"一带一路"倡议的文章大都包含"贸易"和"投资"两个关键词。虽然诸如"环境""安全""合规"等其他关键词也常出现, 但这类文章通常也与中国贸易或投资有关。研究显示, 74.4%涉及"一带一路"倡议的文章包含"贸易"和"投资"两个关键词(如下表),表明贸易和投资是"一带一路"倡议影响"接受国"的两个重要渠道。

---

① 130 个国家和地区对"一带一路"倡议的态度分布图见:http://bruegel.org/wp-content/uploads/2019/02/WP-2019-01 final.paf。

### 关于"一带一路"倡议的新闻报道中出现"贸易""投资"和
### 其他主题的比例

| 关键词 | 比例 |
|---|---|
| 只有"贸易"一词在文章中出现 | 22.9% |
| 只有"投资"一词在文章中出现 | 11.3% |
| "贸易"和"投资"同时在文章中出现 | 40.2% |
| 其他 | 25.6% |
| 全部涉及"一带一路"倡议的文章 | 100% |

来源：布鲁盖尔研究报告(第7页)。

　　研究还通过计量模型,探讨了"贸易"和"投资"对各国"一带一路"倡议评价的影响。研究发现,一是"一带一路"参与国和非参与国对"一带一路"倡议的看法没有显著差异,即一国加入"一带一路"倡议并不必然导致对"一带一路"倡议好感的上升;二是"贸易"报道的频率是影响各国看法的主要因素,"贸易"提及的频率越高,则一国对"一带一路"倡议的看法越负面;三是"投资"相关问题对各国对"一带一路"倡议看法的影响并不明显。

# 附录二：

## "一带一路"的中国两难

近年，笔者奔走于六十多个国家，给国王、总统、商人、学者、记者等不同人群讲述"一带一路"故事，进行田野调研，深感"一带一路"的中国两难。

### 一

在对"一带一路"的阐释和实践中，常常遇到各种悖论，体现中国两难。讲好"一带一路"故事需要把握好的多重矛盾：

①时间与空间的悖论：与古丝绸之路的关系。空间上究竟覆盖多大？欧洲人喜欢称之为中国新丝绸之路，这样终点就是欧洲了，当看到非洲成了"一带一路"的亮点时，欧洲人想不通且反感：这是动了欧洲的奶酪！受欧洲影响，东南亚人也认为 21 世纪海上丝绸之路是郑和下西洋的复

兴,而郑和在东南亚传播了伊斯兰教,他们又担心中国是不是借"一带一路"输出共产主义?"一带一路"与古丝路的关系还真要拿捏好,说二者没有关系,人家怎么支持?说有关系,是怎么样的关系?"一带一路"源于古丝路又超越古丝路,不是复兴古丝绸之路。因为古丝绸之路主要是文化、贸易交流之路,"一带一路"是新型全球化的体现,它激活了丝路记忆和丝路精神,是对古丝绸之路的创造性转化、创新性发展。那些没有实现传统文化创造性转化和创新性发展的国家,如文莱,对"一带一路"可能影响其宗教型国家主权就很敏感。空间上,《愿景与行动》将"一带一路"定位为"区域性合作架构",后来习近平主席在"一带一路"国际合作高峰论坛上提出"基于欧亚大陆不局限于欧亚大陆","经营欧亚大舞台,世界大格局",国内外学者于是出现中国过度扩张的声音,指责中国不透明,认为"一带一路"究竟包括哪些国家含混不清,不明白"道可道非常道"的意境。

②内涵与外延的悖论:中国认为"一带一路"倡议秉持开放包容理念,谁都有份儿,许多老外就问:这不就成为全球代名词,没有意义了吗?中国为投资、贸易统计方便,用了"六大经济走廊沿线国家"的说法,报道中常出现沿线国家、参与国家、相关国家概念,这种区分也是不得已,一些

国家因此怕被分为三六九等。对于"一带一路"的"五通"，东南亚各国在理解上各有侧重，菲律宾杜特尔特总统提出"build build build infrastructure"（大建特建基础设施计划），倾向于把"一带一路"建设理解为基础设施建设；文莱则把它看为助力本国实现经济多样性的希望。

③名与实的悖论：没有"一带一路"各国不照样干吗？"一带一路"提出之前不就搞了"五通"了吗？有了"一带一路"招牌反而招致攻击？沿线国家与共建国家如何区分：我们修的路算不算"一带一路"？一些国家知道"一带一路"是中国大战略，就讹上了中国投资、项目承包，漫天要价。我们必须明白，自觉建设"一带一路"和盲目推进"五通"，是有本质区别的。"一带一路"是织网、布局、造势，既是国家大战略又是国际大倡议。

④新与旧的悖论：例如：比雷艾夫斯港早于"一带一路"提出前就有了，怎么成了"一带一路"项目？东南亚国家也有类似疑问。"一带一路"尽管是新生儿，但只是倡议，激活已有、未来的合作项目，实现互联互通而已。

⑤破和立的悖论：在国际体系里，中国角色小荷才露尖尖角，如人民币国际化对冲美元霸权风险，但国际化本身受制于美元霸权。一带一路是因为原有体系不合理，但改革有风险。

⑥中国硬件–西方软件的悖论：菲律宾是世界上国名带定冠词的四个国家之一！一登陆马尼拉机场，首先是三星，其次是华为，传送带上又是中文共赢广告，出机场又遇LG……但中国、韩国只是新贵，影响力限于商业领域。机场路上看到那天主教堂，是西班牙的殖民遗产；美国驻菲律宾大使馆有两千多人，世界第三……行走在"一带一路"上，硬件是中国的（东方的），软件是西方的。何时软硬兼施？"一带一路"遭遇二元性挑战：共建"一带一路"国家中大多是发展中国家，上层建筑往往是发达国家那套。"一带一路"要克服"中国硬件，西方软件"悖论，须共建博物馆，一起修史，正本清源，拨乱反正！明明是从西班牙手上抢来的菲律宾，美国却把7月4日说成美菲友谊日，借反西英雄黎刹之魂把自己塑造为救世者角色！菲律宾宪法都抄美国。中菲混血带来民族解放，被美国解读为国父（说成1898年独立）——菲律宾独立应指从美国殖民统治解放出来的1946年算才对！吃了美国的精神鸦片，菲律宾人只反抗西班牙，不反抗美国。中菲合作讲好民族英雄何塞·黎刹的故事，就是要还原历史真面目啊！

⑦双边与多边的悖论：建设"一带一路"三大原则——共商共建共享，中文朗朗上口，义正词严，然而翻译成外文就成为空洞的宣示，质疑多边还是双边？笔者用"build of all, build by all, build for all"来表达，效果很好。于是，又有人质疑互利双赢 win-win，说中国赢两次 China win twice，一国一策会不会导致歧视性安排？笔者回应，双赢是为了共赢，先双边再多边，因为多边形总是从两点决定一条直线开始的。这是科学常识，且最有效率。

⑧权与利的悖论：马来西亚大学中国研究所所长在座谈时建议，"一带一路"不能只关注当权者（power-holder），应关注利益攸关方（stakeholder），但与反对派接触，民粹当头，会被利用，且效率低下，不确定性太大。

⑨透明度悖论：不少国家抱怨"一带一路"是"犹抱琵琶半遮面"，甚至还有人讥讽中国国内都不透明，质疑中国能主张国际透明？"一带一路"到底包括哪些国家？这是顶层设计还是"摸着石头过河"？一国一策会造成不透明的假象。这里有文化差异，正如中国大厅里有屏风，含蓄而谦逊，不像西方文化那么张扬。

⑩标准悖论：按照国际标准做，有些共建国家达不到；不按照嘛，有些国家担心"中国中心"。顺便说一下，中国口头禅"欢迎加入一带一路"，也给人印象"一带一路"倡议是中国主导的，应改为"欢迎共建一带一路"。不了解中国，其实许多方面的中国标准比西方还高！他们所谓的高标准其实就是西方的标准！

⑪政府与市场的悖论:"一带一路"建设强调以企业为主体、遵循市场原则、政府提供服务、按照国际标准行事,但实践起来要实事求是,要政府-市场双轮驱动,国企-私企协调发展,不同项目、不同地区不能一刀切,这就回应了国内外对国有企业比重过高、PPP模式轮不到私企的抱怨。

⑫规则导向全球化与发展导向全球化的悖论:这从本质上看是世俗文明与宗教文明的分歧!换言之,是实事求是与自以为是的差异!

⑬效率与公平的悖论:要效率还是就业?雇佣中国工人效率高,24小时三班倒;不雇佣当地工人又导致抢饭碗说。关键在于培训,让当地工人尽快熟悉业务,实现当地化。为此,"一带一路"的"蓝翔技校"被东南亚国家反复提及,不只是厦门大学马来西亚分校。

⑭实用主义与理想主义的悖论:笔者在马来西亚大学中国研究所介绍"一带一路"时,用了蒙内铁路、亚吉铁路的例子,马来西亚反感地说:"我们是亚洲四小虎,不是非洲!"可是当讨论马哈蒂尔新政府叫停的东海岸铁路项目时,他们又要非洲那样的优惠条件,口行3%贷款条件嫌高!

⑮内与外的悖论:国内要赚钱,国外担心中国占便宜。

所到之处,老外总是问:"一带一路"对我有什么好处? 没有人说:我国能为"一带一路"贡献什么的! 而中国人则担心"一带一路"学雷锋,投资打水漂,被人讹上。

⑯韬光养晦与过度扩张的悖论:特朗普打压中国,新韬光养晦论抬头,责怪"一带一路"招惹美国打压,担心中国过度扩张——比"马歇尔计划"还庞大,而中国实力远不及二战刚结束时的美国! 要让人们认为"一带一路"是织网、做局、造势,下一盘大棋,而棋子尚未落满,当然会产生此类担心。

⑰中国模式悖论:中国特色还是普世价值? 中国文化是取经文化,我们不输入也不输出发展模式,但是如果中国模式只在中国土壤上起作用,如何让其他国家相信"中国行,我也行",从而跟着中国一起搞"一带一路"? 我们鼓励各国走符合自身国情的发展道路,将命运掌握在自己手里,共建人类命运共同体。可是,那些国家被西方殖民,没有《史记》,经济发展是依附性,建立类似中国那样独立而完整的工业体系,几乎不可能。非洲朋友读《习近平谈治国理政》"要以钉钉子精神搞建设"那句话时竟感慨"中国生产了多少钉子啊"——原来他们把钉子称为"洋钉"! 国内土地国有,有共产党领导,国外没有……内外有别,使得"一带一路"难以在海外简单重复中国奇迹。

⑱中国角色悖论：近年流行对华政策关键词"re-ciprocity"（互惠），要中国承担发达国家义务，又不给中国发达国家权利（不承认中国市场经济地位就是典型例子）。老外抱怨：中国说自己是发展中国家，还搞"一带一路"，不是责任与义务的选择性吗？中国角色太多不行，太少了也不行。插五星红旗，中国特色标语在非洲没有问题，但在东南亚就会唤醒半个世纪前输出革命的记忆。中国人的口头禅是"欢迎加入一带一路"，给人中国主导的感觉，这又官方倡导的"一带一路"建设不是中国的独奏，而是全球大合唱有矛盾，且大合唱要不要总指挥？中国是不是总指挥？

⑲华人华侨悖论：华人华侨是"一带一路"的联系桥梁、纽带，但作用太积极了会引发干涉内政的担忧，助长中国渗透论。且华人华侨拿中国提升某个人在本国的地位，容易引发所在国反感，甚至攻击。

⑳知行合一的悖论："原则好，行为不咋地！"这是一些国家对"一带一路"项目的抱怨。中国人说看大局，眼光要长远，老外很难理解"辩证看问题"，"统筹办事情"的中国精髓。内外统筹、政企统筹、陆海统筹，如何实践？"一带一路"精神如何内化于心，外化于行？需要我们很好地摸索、总结、推广。

以上悖论折射出西方话语霸权语境下的中国悖论：做也不是，不做也不是，同时揭示出共建"一带一路"国家的二元性：发展中国家经济基础、上层建筑与意识形态仍然西化。讲好"一带一路"故事，就是讲好中国故事的生动实践，也是讲好建构人类命运共同体故事的必然要求。

## 二

因为共建"一带一路"国家精英多受西式教育，对"一带一路"倡议的不少关切与西方类似：包括地缘政治，尤其是中美地缘冲突，环境与劳工标准、政府采购、社会责任、腐败、债务、透明度等，具体而言便是对中国意图的质疑。一方面，部分国外政界与学界将"一带一路"倡议简单当作中国国内政策的延续，即为解决国内问题而配套的外交战略，如转移过剩产能、倾销国内商品等；另一方面，也将其看作是中国试图改变现有地区和国际秩序、获得地区和全球主导权的国家战略，即中国试图改写国际规则，核心问题是规则导向还是发展导向？

"一带一路"强调"企业为主体、市场化运作、政府服务、国际标准"，为什么西方人感觉这是中国的政府工程？这是由"一带一路"初期阶段的沿线国家国情及基础设施建设本身的特殊性决定的。

因此要实事求是，实现自上而下、自下而上的有机结合。中国主张，发展是解决所有难题的总钥匙；规则当然重要，但要不断成熟、循序渐进地形成。中国改革所探索出的政府-市场双轮驱动经济发展模式正在补"一带一路"沿线国家发展短板，带来基础设施建设的第一桶金，通过"养鸡生蛋"而非"杀鸡取卵"，增强自主发展能力，同时培育了新的市场。中国改革开放探索出一条工业走廊、经济走廊、经济发展带模式，先在沿海地区试点，继而在内陆港口城市和内陆地区试点推广，形成经济增长极、城市群，带动整个中国的改革开放。现在，"一带一路"要让非洲市场以点带线、以线带片，从基础设施（港区铁路贸五位一体）互联互通着手，帮助非洲获得内生式发展动力，形成经济发展带，实现工业化和农业现代化，共同脱贫致富。如果完全依赖市场，好比把孩子直接扔到大海里，结果可想而知。中国通过开发区，先让孩子在游泳池里学会游泳，再畅游大海。这就是"一带一路"的做法。

西方人说我们殖民世界的历史不能再重复了，担心"一带一路"重复他们过去所做的。这种心理始终干扰他们对"一带一路"的认识，加上西医难认同中医一样，"一带一路"的中西（由于二元性，也就是中外）之争乃科学与艺术之争。中英文中，道路与模式的用法不一：中文用道路，路与道结合；西文 road 没有抽象的"道"，只听得懂"模式"，是同一体系的不同路径，如盎格鲁-萨克逊模式、莱因模式。因此用中国模式更能为西方理解和认同,中国人谦逊用"道路"反而让西方犯胡涂、不信任。

①先验论 vs.实践论:秉持先验论的西方人,尤其德国人,很难认同中国的实践理性——以点带线,从线到片,逐步形成区域合作的大格局;

②线性论 vs.辩证论:Button-up or Top-down?先摸着石头过河,到一定阶段才能进行顶层设计。

③统一论 vs.阶段论:国内都不开放——外汇管制、新闻管制,有什么资格说"一带一路"是开放包容的? 忽视了发展阶段差异:部分共建"一带一路"国家比中国发展阶段低,中国当然可以讲开放包容。

④时机论 vs.天命论:中国人笃信天命,不存在等什么都准备好了才干。

⑤硬实力论 vs.软实力论:软实力跟不上? 软实力也是干出来的!

"一带一路"建设是生产方式、生活方式、思维方式的铆合,考验世界的三观! 讲好"一带一路"故事,也是调整其三观的过程。

# 三

"一带一路"既面临着难得的国际机遇,也面临着众多国际挑战,总体上归结为"一带一路"悖论:"一带一路"没有彼岸,本身就是大写意、大创新，根据时代发展和需求内涵与外延会不断拓展；"一带一路"悖论也是中国悖论和共建"一带一路"国家二元悖论的折射：中国发展模式强调政府–市场双轮驱动，开发性金融创造和培育市场，为世界提供全新选择，中国模式学习和借鉴了西方模式又超越了西方模式，既具有中国特色又具有普遍意义——中国是文明型国家，自古有天下情怀，中国特色就是让别国有特色，中国走出一条符合自身国情的发展道路，通过"一带一路"建设鼓励其他国家走符合自身国情的发展道路，中国把命运掌握在自己手里，通过"一带一路"建设鼓励其他国家把命运掌握在自己手里，一同建设命运共同体。这就严重冲击了美国主导的普世价值，挑战其国际体系主导权。西方国家由此便出现了抵制中国模式的合流，造成规则导向全球化与发展导向全球化的中西对抗，而"一带一路"建设尤其是国际融资又需要争取西方发达国家的参与，如何把握破和立的关系？提出并推进"一带一路"建设，陷入"做也不是，不做也不是"的破与立悖论。"一带一路"建设又强调市场原则、国际标准，强调与西方发达国家开发第三方市场，如何平衡与西方关系，如何平衡既要让市场起决定性作用，又要创造和培育市场的关系，既要尊重国际规则又要实事求是，推行一国一策。

与此同时，"一带一路"沿线多为发展中国家，政治搞西方那套，经济基础相对落后，存在典型的二元结构，能否借鉴中国发展模式，结合自身国情，实现"一带一路"项目的落地生根？中国没有军事联盟体系，人民币国际化任重道远，能否给"一带一路"提供安全、金融公共产品？建立有利于"一带一路"建设的安全－金融体系任重道远，目前强调的先试点、再推广原则，一国一策做法，是否导致歧视性安排，如何统筹为"一带一路"国际合作机制？

"一带一路"集中体现中西误解之源。讲好"一带一路"故事，不只是面临西方话语霸权的挑战，而且面临西化世界的挑战。不同于美国崛起建立在欧洲肩膀上，中国崛起面临西方近代以来形成的体系挑战（既包括国际体系，也包括国内价值体系），这在"一带一路"建设所面临的话语权悖论中得到充分体现：

①名与实悖论：国内称战略[①]，国际称倡议，"一带一路"如何实现内外统筹？②特色与普适悖论：中国模式具有鲜明的中国特色，我们也强调不输出，"一带一路"沿线国家为中国模式所吸引，如何既能借鉴又成为自己？③破与立悖论：中国发展模式强调政府－市场双轮驱动，利用国际市场又创造和培育国内市场，为世界提供全新选择，严重冲击美国主导的"普世价值"，挑战其国际体系主导权。④中国与世界的悖论："一带一路"建设既弥补市场原则不足又强调市场原则，既强调走出去又强调遵

---

① "一带一路"概念提出后，在中国国内一度称其为战略，这是新观念刚提出后，在思想界出现的暂时混乱的界定。

循国际标准,如何平衡? ⑤二元悖论:"一带一路"沿线多为发展中国家,政治搞西方那套,经济基础相对落后,存在典型的二元结构,能否借鉴中国经验,结合自身国情,实现"一带一路"项目的落地生根? 讲好"一带一路"故事最终有赖于建设"一带一路"话语体系,超越种种悖论,任重道远。

"一带一路"建设是伟大的事业,需要伟大的实践。讲好"一带一路"故事,也是伟大实践的有机组成部分,不只是建设"一带一路"的先导,伴随着"一带一路"建设的整个进程,久久为功,步步为营,积小胜为大胜,不存在毕其功于一役,达到三声境界:润物细无声,大音希声,此时无声胜有声。

# 附录三:

## 饱含一草一木深情,讲好"一带一路"故事

——《王义桅讲一带一路故事》发布会致辞

见山是山,见水是水

见山不是山,见水不是水

见山还是山,见水还是水

"你为何这么年轻?"

"我不年轻,我是五千岁先生!"

冥冥之中,我总感觉到,我是为"一带一路"而生的!因为"一带一路"年轻而志存高远——通古今中外、达东西南北,所以我马不停蹄,赴五大洲、四大洋不断去发现,不断去思考,不断有惊喜。俗话说,到什么山上唱什么歌,讲好"一带一路"故事,是发掘各国之美、时代之美、互联互通之美的过程。古人有

继往圣之绝学的豪迈,现代有革命人永远年轻的信念,当今有讲好"一带一路"故事的神圣使命。

## 一、"一带一路"的阿訇

2018年初夏去东南亚四国调研和宣讲"一带一路"时,此行一位北京大学的老师第一次听我讲"一带一路",感慨地说:将来就叫你"一带一路"的阿訇!

中国文化是取经文化,不输入也不输出中国模式。我哪里是阿訇啊?! 给企业家讲"一带一路"时,我常说"如果我讲得好,那是因为你们做得好"! 我能有机会,最近几年能赴五十余个国家讲"一带一路",完全是贵人相助,时代之幸! 我能写四本"一带一路"专著,第一本被译成二十种文字,第二本也有十种,包括盲文,完全是因为世界对中国的期待,对"一带一路"的期待。

我的第一本外文版是阿拉伯文,在开罗书展发布,封面用了习近平主席头像,五洲出版社代表团编辑说:"我大大地沾了'大大'的光! "

的确,我是"一带一路"时代的幸运儿,赴世界各地讲"一带一路",可谓穷尽我的一切:

● **穷尽我的知识**:此书出版前一周正好在联合国教科文组织讲"一带一路"和人类命运共同体,了解到爱因斯坦是教科文组织的创始人之一，我在二十分钟主旨发言时间便用爱因斯坦公式、统一场理论分别阐述两者含义——$E=MC^2$：欧洲（E）文明的第二次复兴机遇正在于建立与中国（C）通过欧亚大陆（C）的互联互通（M）；人类命运共同体是将强相互作用、弱相互作用、电磁相互作用和引力相互作用的统一场理论努力——万有引力定律就好比西方"普世价值"，人类命运共同体塑造人类价值最大公约数，引出周易思想"穷则变，变则通，通则久"——变：改革开放；通：一带一路；久：人类命运共同体。我深感，科学乃分科之学，"一带一路"昭示的大学问，需要综合、创新，在讲述过程中可谓穷尽了我的知识。

● 穷尽我的情感：刚从印尼回来，在雅加达战略与国际问题研究中心讲"一带一路"，最后以我的高铁成亲故事苦口婆心劝说印尼人不必犹豫，赶紧修雅万高铁，在场听众无不动容！每每讲述"一带一路"的所见所闻，如20世纪60年代中国帮巴基斯坦修卡拉昆仑公路，今天的蒙内铁路纪念碑，无不感染空气中每一个分子。

● 穷尽我的精力：实践出真知，"一带一路"的学问是实践的学问，没有现成的理论可参考。自从2015年第一部专著出版后，我去了近六十个国家讲"一带一路"，常常是每周、每月都出国，可谓穷尽了我的精力！每每起飞前听广播说系好安全带,听到"带",我就不自觉说"路"!当然,精力是分配的。世界各地巡讲,牺牲了陪家人的时间、学生开题的时间,由此特别感谢家人和学校的支持!

## 二、智者指月,愚者见指不见月

"听您讲一带一路,也是上国情课、爱国课,思想政治课!"每次都有听众这样感慨。

的确,相由心生,讲出内心的真我,三心至上:

• 心胸:"'一带一路'是针对美国的,要建立取代美国的中国秩序。"每每听国内外人士这样评论,我便举生活之例:打败尼康相机的不是三星相机或佳能相机,而是智能手机;打败康师傅方便面的不是统一方便面或别的方便面,而是美团网购!说明"一带一路"不做孙悟空,要做如来佛。只要我们本着全心全意为人民服务的精神,就没有克服不了的困难!的确,"过去的一切皆为序章"。正如"普世价值"只是人类命运共同体在一神论时代的特例,"一带一路"强调战略对接、互联互通,不仅不反对美国,反而与美欧合作开创人类新文明。

• 心态:在国外讲"一带一路"都是重新学习的过程,

真正的睁眼看世界！我从不把话说绝，但要把道理说透。在联合国教科文组织信使论坛主旨演讲的题目就是"人类命运共同体是思想实验室的底色"，呼应教科文组织"思想实验室"的宗旨，从高更画"我们是谁，我们从哪里来，要去哪儿"的时代之问，引出中国的和合智慧——分别对应人类命运共同体、"一带一路"的中国方案、中国智慧，表明中国经历解决中国问题、发生在中国的世界问题后尝试解决人类问题，不见得最好或最实用，但是在尝试，提出倡议供大家讨论，欢迎大家一起思考，一起完善，源于中国而属于世界。其实无纯粹的中国模式，中国模式也是折射世界各国、各文明的成就。

● 心情："听你演讲后发现，共产党中国也有如此风趣之人！"这是刚刚在雅加达演讲后一位杂志资深主编紧握笔者双手的肺腑之言。从一分钟，到一小时，讲"一带一路"感染每一个角落的人！尽管讲"一带一路"可以说记不清多少次了，每次都重新备课，针对不同对象不断创新形式，各有侧重，风格各异，唯一不变的是以一颗虔诚之心，引发共鸣共振。正如黄友义先生在本书封底推荐词所言："每次讲起'一带一路'，他总是激情四溢，感染着散布在世界各个角落的国际受众，吸引着日益增加的关注。"

"你把'一带一路'讲得太好了,'一带一路'出任何问题,你是要负责任的!"不止一次,我听人这么当面跟我说。"讲得太好"不是把"一带一路"说成一朵花儿,而是超凡脱俗,展示境界之高,心胸之宽,感情之深! 其实,讲"一带一路"要上天也要入地。伟大的事业总是充满风险的! 我大量谈及"一带一路"风险,第一部专著题目就是《"一带一路":机遇与挑战》,一半篇幅谈风险。如果我讲得太好了,是因为我的心态,正如靳诺书记为《世界是通的》作序所言:"我把全部的爱都献给了'一带一路'。"美国学者加尔布雷思说过,人类永恒的愚蠢,是把莫名其妙的担忧等同于智力超群。本书分析了唱衰"一带一路"的心理,就是这个理儿。禅宗云:"智者指月,愚者见指不见月。"我虽愚者,然愿追随智者,献身"一带一路"时代! 正如马克思所言"我已经说了,我拯救了自己的灵魂"。我的研究,就是说出我灵魂深处的发现,一草一木的深情,故此才感人,也打动了发改委制定"一带一路"规划的官员,感染了每一个希望了解"一带一路"的国内外民众,这是我最大的满足。

## 三、"一带一路"是为你量身定做的

世界是通的,学问更是如此! 真所谓殊途同归,我对"一带一路"的研究倾注了全部的心血,全部的学识,全部的爱! "就像'一带一路'是为我量身定做的",《文汇报》资深记者李念在主持文汇讲堂时这样感慨。的确，"一带一路"是大学问，反映了天下大势合久必分、分久必合的大趋势，折射了中华文明伟大复兴的大气魄，响应了世界对中国、对互联互通的大期待。

我曾去中国科学院、中国科学院大学讲"一带一路"，去财政部、安全部中心学习组讲"一带一路"，去县城给警察讲"一带一路"，场合如此迥异，听众期待有别，自然就用各种学科讲了：

> ● 科学：在毛里求斯讲"一带一路"，阐述毛成为印度洋、非洲大陆对接"一带一路"节点的原理：阿基米德效应——给我一个支点，我能撬动地球，颇得听众认同；在德国外交部，用德国与法国铁路网对比讲"一带一路"带给欧洲的互联互通效应，一下子让对方明了"一带一路"之精髓。

> ● 文学：在里斯本俱乐部，给包括葡萄牙总统在内的政界、工商界人士讲"一带一路"，结合葡萄牙开启地理大发现，用三句中国古语"天堑变通途，天涯若比邻，天涯共此时"阐明"一带一路"的时空效应；在埃塞俄比亚非盟总部，结合埃塞俄比亚产咖啡却缺乏咖啡加工能力，而从欧洲进口咖啡，引用唐诗"遍身罗绮者，不是养蚕人"，揭示非洲被全球化的事实，提醒非洲各国政治上去殖民而经济上

未去殖民的状况，并以"要致富，先修路；要快富，修高速"说明"一带一路"的中国之道。

● 美学：在联合国教科文组织信使论坛主旨演讲，开场即用笔者微信名"一苇"，与法国哲学家帕斯卡尔"人是一颗有思想的芦苇"的相通性，接着用高更画阐明"一带一路"和人类命运共同体乃回答时代之问的中国方案、中国智慧；在文莱外交通商部以"小的是美的"为主题，激励文莱成为东盟东部增长区合作对接"一带一路"的中心(hub)，均引发强烈反响。

● 医学："世界是通的"，已经成为"一带一路"最精炼的概括。"痛则不通，通则不痛""打通任督二脉"，成为"一带一路"思想的经典阐述，以此说明全球能源互联网计划既要发电又减少碳排放之道，在约翰内斯堡的金砖学术论坛上引发普遍兴趣。

● 哲学：书中收录在拉肯论坛给比利时国王讲"一带一路"，笔者以欧美两种创新比较，引发"一带一路"创新原理，阐明应对人类挑战的中美欧文明三角(美国创新力、中国应用力、欧洲精神力)，发现国王陛下一直点头微笑。

● 政治学："一带一路"的关键词是互联互通，超越地缘政治；其目标人类共同体更是超越西方国际关系，以人类命运为单元。"一带一路"发掘互联互通之美，超越大国角逐的现实主义政治，以 1+1 大于 2 的联通效应超越零和博弈。民心相通、跨海洋合作、洲际联通、超越地区一体化理论，打造开放包容普惠平衡共赢的新型全球化。

● 地理学：发现旧大陆，发展新大陆，实现天上、地上、海上、网上四位一体的联通，这是"一带一路"的全球地理大发现。"不求拥有，但求准入"的互联互通观、陆海联通的系统观，超越了地理大发现。书中分析印度反对"一带一路"源于中巴经济走廊的克什米尔领土争端，及其马背地带历来是取经、入侵之路，唤醒了印度的担心。

● 经济学：笔者演讲多以"再造中国，再造世界"为标题，阐明"一带一路""解放全球生产力"，发掘世界互联互通之美，引用基础设施的乘数效应，和双环流说，创造性以"'一带一路'的经济特区、工业园区做法好比游泳池培训孩子练习，最终去大海游泳"，来回应西方指责"一带一路"不够市场化、不够高标准；在 NHK 电视台的辩论中以"养鸡生蛋"而非"杀鸡取卵"，回应"一带一路"是否制造债务危机，让人一下子明白且记住了。

● 法学：分析"一带一路"建设的法律风险时，书中指出伊斯兰教法是不平等的保人制度，"一带一路"法律体系的协调、仲裁等法律问题，值得认真研究。

● 伦理学：孔子曰："已欲立而立人，已欲达而达人。"

"一带一路"彰显中国伦理,展示中国大爱。书中收录了《中国正在说》的演讲,谈及"一带一路"为何聚焦基础设施时,特别阐明"一带一路"消除新自由主义全球化造成"富者更富、穷着更穷"的机理,连我上小学的孩子看了电视都跟我讨论起来。

● 历史学:从张骞到郑和,从斯文赫定到弗兰科潘,丝路兴衰见证中华文明、人类文明兴衰与转型,书中历史文化故事信手拈来,讲座时也是观今宜鉴古、无古不成今,娓娓道来,活学活用。常有人说,你写的书是可以朗诵的!连续获 2015、2016 年"中国好书",皆因"一带一路",皆因时代之需,且进入北京市龙泉市、安徽省中考试题历史卷,就不足为奇了。

● 宗教学:夜晚灯光图展示部分全球化,引用佛说"点一盏灯,让世界亮起来",阐明"一带一路"之大义:"'一带一路'就是给世界点灯"!书中收录在伊朗以《古兰经》讲"一带一路"、人类命运共同体的故事,探讨宗教相通之道。以儒道释并存的包容性、世俗性文明,阐明为何是中国提出"一带一路"倡议,告别近代,走出西方,开创各种文明的共同复兴。

● 未来学:未来已至,只是分布不均。要从后天看明天,而不只是从昨天看明天。书中提醒"一带一路"对人口流动、气候变化、地理环境的影响；评估"一带一路"风险，也应着眼未来的人口、资金、信息流动带来的自然和人文环境变迁。

● 天文学："东方物所始生，西方物之成孰。夫作事者必于东南，收功实者常于西北""五星分天之中，积于东方，中国利；积于西方，外国用兵者利"。《史记》这两句话似乎回答了为何搞"一带一路"，何时建成"一带一路"。1840年鸦片战争，"外国用兵者利"，所以我们失败了。什么时候五星出东方呢？2040年9月9日。这是天象学计算出来的，不是迷信。中国要顺应世界经济发展周期和人类文明的大规律，必须要建成"一带一路"。1995年，在新疆和田地区出土的国家一级文物——汉代蜀锦上记载"五星出东方利中国"，预示着"一带一路"开创中华民族伟大复兴，并推动人类文明共同复兴的美好前景。

● 全球学："一带一路"是推行新型全球化和新型全球治理的抓手。书中很早建议将"一带一路"纳入联合国体系，帮助实现联合国2030年可持续发展目标，打造包容性全球化。

各种学科其实是中国学、时代学。书中从中华文明史、人类文明史解读"一带一路"，解释为何中国最具"一带一路"项目竞争力,根本原因在于文明优势——唯一连续不断的古老文明,体制、体系优势——中国特色的社会主义体制,中国具备生产"从火柴到火箭,从味精到卫星"世界上最独立而完整的工业体系,同时中国最复杂的地形和独特的国情,如春运乾坤大挪移,问题导向的改革,加上中国人的勤劳智慧,练就不到十年建成两万千米高铁的奇迹,激发"西电东送、北电南供、水火互济、风光互补、跨国互联"的全球能源互联网计划。一句话,讲好"一带一路"故事,就是讲好中国故事,讲好世界故事,讲好时代故事。

"王义桅讲'一带一路',不仅让你听得最明白,而且让你最愿意去讲,最想跟他一起讲。"每每听到这种反馈,我总是很欣慰。众人拾柴火焰高,聚是一团火,散是满天星。"一带一路"本身就是大创新,是解决人类问题的中国倡议,呼唤文明的复兴、转型和创新,折射中国智慧和世界智慧。讲好"一带一路"故事,不亦乐乎!

"大时代需要大格局,大格局需要大智慧"。"'一带一路'是伟大的事业,需要伟大的实践。"牛顿曾说过,他只是在海边拾贝壳,所取得的成就只是站在巨人的肩膀上而已。恩格斯说,这是一个需要产生巨人且能够产生巨人的时代。孟子曰,五百年必有圣人出,七百年必有中兴。我们等了七百年,恰逢五百年西方中心论的终结、中华民族伟大复兴,开启人类命运共同体新时代。能生活在这样的时代,是我辈的幸运;能赴五大洲四大洋不停地讲中国故事,"一带一路"故事,人类故事,是我辈的荣光。此书折射了时代之伟,"一带一路"之美。"老内""老外"都有称我为"一带一路"先生的,每当此时,我惶恐不安,断然纠正:"我只是研究'一带一路'的,正如李稻葵老师所言'一带一路'(最前沿的)研究者和呐喊者"。"习近平主席才是'一带一路'先生。我只是沿着智者所指的追月少年!"

# 附录四:
## 中华人民共和国成立 70 周年之际
## 关于"一带一路"倡议的对话(中文版)[1]

马丁·阿尔布劳[2]　王义桅

### 关于"一带一路"倡议的十问

"一带一路"倡议(BRI)指的是丝绸之路经济带和 21 世纪海上丝绸之路。它有三个关键词,第一个是"21 世纪"。"一带一路"倡议首先是综合铁路、公路、空中和海上航线、输油管道、输电线路和通信网络的互联运输网络。核心词是"互联互通",即所有事物和人类的相互联系,生动地代表了 21 世纪的特征。

---

① 中英文对话已收入《对话中国》,中国人民大学出版社,2019 年。
② 马丁·阿尔布劳:英国社会科学院院士,英国社会学会荣誉副会长,威尔士大学荣休教授,曾为英国、美国、德国和中国等国的多所大学的客座教授,率先提出了"全球时代"的概念。鉴于他长期以来在跨文化、全球化与全球治理等领域的突出贡献,他还被罗马教皇、联合国等聘为顾问。

第二个关键词是"带"，指的是经济走廊和经济发展带，反映了中国改革开放的经验和模式。丝绸之路经济带的建设旨在通过逐步扩大增长和开展更广泛的区域合作，以促进所有相关领域的发展。

此处的"路"包含更广泛的含义。它在中国经典《道德经》中扮演着"道"的角色，认为"道"创造了我们所知道的一切。当今世界的"道"要求我们构建人类命运共同体。"一带一路"倡议开放而包容，因而每个参与者都可以做出贡献并共享收益。

中国提出的"一带一路"倡议起初是指通过中亚和西亚连接中国与欧洲的丝绸之路经济带，以及连接中国与东南亚、非洲和欧洲的21世纪海上丝绸之路，实现欧亚大陆的互联互通；如今已经延伸到非洲、南太地区、北极、拉美，成为当今世界广受欢迎的国际公共产品和构建人类命运共同体的合作平台，推动全球化朝向开放、包容、平衡、普惠、共赢方向发展，倡导共商共建共享的全球治理。自六年前提出该倡议以来，已对世界产生了广泛影响。

然而问题总是在实施之后出现。以下是就10个具有代表性的问题，英国社会科学院院士、著名社会学家、全球化概念的首创者之一马丁·阿尔布劳，与中国人民大学习近平新时代中国特色社会主义思想研究院副院长、欧盟"让·莫内"讲席教授王义桅的对话。

1."一带一路"建设会导致环境退化吗?

(马丁)将保护自然环境引入辩论,为评论家提出对"一带一路"倡议的反对意见提供了无限制的自由。所有经济发展都需要大自然的馈赠,并将其转化为人类使用的产品。自从第一个禁果从智慧树上摘下以来,情况一直如此。

人与自然的关系是共生的。更重要的是,它们是不可或缺的。我们今天选择的苹果来自果园和树木的多样性,如果没有人为干预,它们就不会存在。人类自己是我们赖以生存的环境演变的原动力——我们为之奋斗,不应想象其天性良善——气旋、地震和致命疾病也是自然生成的。

那么问题在于平衡。著名的环境运动人物、美国人亨利·梭罗,人所共知地退回森林寻找自己,但同时赞许从世界各个角落运去产品的铁路,并给了他成为世界公民的感觉。他欣赏新铁路为社区带来的工作机会及其带动的生活节奏。他是互联互通的早期先知,也促进了个人探险。每个旅行社都有这样的直觉,宣传热带岛屿的美丽和与世隔绝,同时为廉价机票做广告。

寻求经济发展与环境保护之间的平衡取决于评估的规模。中国因帮助各国建设新的燃煤发电站而受到批评,但它可以恰当地指出其在太阳能应用方面的全球领导地位。在此过程中,它将国内能源政策及其对外经济活动的影响叠加在一起,以评估其在全球资产负债表中的总体碳中性。正是人类引发气候变化的全球性，需要最大的碳排放者来评估其能源政策在全球范围内的总体影响。在这方面，中国正处于领先地位，世界必须希望它能够带动其他国家。

（王）孔子说："己欲立而立人，己欲达而达人。"每个国家都有自己的发展需求，中国的"一带一路"倡议旨在帮助其他国家实现联合国 2030 年可持续发展议程确定的目标。例如，世界减贫的 68% 可以归功于中国。在当今世界，有 11 亿人没有电力（印度有 3.5 亿人），中国三位一体的"智能电网 + 特高压 + 清洁能源"的比较优势，有助于在减少碳排放的同时照亮万家，这就是习近平主席在 2015 年联合国大会上提出的"全球能源互联计划"（http://www.geidco.org/）。

事实上，中国高度重视绿色发展。"一带一路"建设也是分享中国改革开放经验的过程，避免"一带一路"国家走"先污染再治理"的老路。2019 年 5 月 2 日，中国正式成立"一带一路"绿色发展国际联盟，这可以充当中外领导机构密切合作开展研究，就关键问题提出政策建议，促进国际对话的国际平台。

中国还明确承诺将绿色战略纳入"一带一路"倡议，发布《关于推进绿色"一带一路"建设的指导意见》和《"一带一路"生态环境保护合作规划》，这些文件概述了可持续发展的愿景。

2."一带一路"倡议是债务帝国主义的新形式吗？

威廉·莎士比亚在其戏剧《哈姆雷特》中塑造一名睿智的老

年皇室官员,他说:"既别放债,也别借债。因为钱借出去常常既丢钱又失朋友,而借钱进来又会滋养懒惰。"诚然,如果人们认为信贷和债务是资本主义固有的,那么西方从来就不是全心全意的资本主义者。在基督教的故事中,耶稣把放债人逐出寺庙。

托马斯·皮凯蒂,其鸿篇巨著《21世纪资本论》被一些人与先驱马克思对比,他甚至对资本所有者无需自己工作就可以获得回报这一观点产生了敌对反应。然而,他进一步指出苏联式实验在消除私人资本所有权方面的失败,证明市场在"协调数百万人的行为"方面的有用性。

中国改革开放的总体经验已经成为学习如何控制资本市场以获得最大社会效益的经验之一。人们已经深刻认识到,资本代表了一种可以用于未来利益的贮藏手段,利益分配的方式决定社会的稳定程度。皮凯蒂指出,与欧洲国家相比,中国能够决定如何控制资本。

承认资本的基本性质,并对其加以控制,对于避免涉及拒绝债务的粗暴道德主义至关重要。对于债务人和债权人而言,他们处于这样的一种社会关系中,每个人都对另一方有承诺,对借方和贷方的未来投资收益都有信心。

那么没有任何一方拥有道德上的优越感。我们已经看到欧盟中一方所导致的困境,在这种情况下指的是德国公民,另一方是希腊人,由于难以管控国债,他们在某种程度上道德败坏。

借方赚取了利息，如果投资被证明不合理，他们也会受到另一方的牵连。

所有这一切都与对中国通过投资其他国家的基础设施、贷款建设铁路、或承包部分港口以在某种程度上建立一个帝国的指责相关。答案是，"一带一路"倡议依赖于同等责任和对自身利益了解假定基础之上的国家间交易，这是双赢计算的基础。

这些考虑均未排除马克思分析一方拥有资本而另一方只拥有劳动力的那种剥削关系的可能性。但在当前世界国际关系体系中，承认国家主权是国家关系能够在平等基础上运行的保证。

当多边机构在国家控制之外运作并对限制其本国公民的独立性和合法性的债务国施加条件时，经济帝国主义的风险就会增强。国际货币基金组织在 20 世纪 90 年代对东南亚的处理方式已经说明了这一点。

自 2008 年金融危机以来，全球金融体系的改革几乎没有降低未来危机的风险，部分原因是未能认识到贷款和借款的道德等同性。只要不承认坏账在为不可保证的未来回报而努力中不可避免，而不是值得惩罚的事情，那么风险就会被充分考虑到公共政策中，不幸的受害者就会成为替罪羊。

在这方面，"一带一路"倡议就像任何投资一样，依赖于债务国的交付，并易受其失败的影响。实际上，更重要的是，对所有参与"一带一路"倡议的国家而言,互联互通本身取决于所有国家。链条中任何一环的失败都可能导致互联阻塞。在过去,英国的帝国主义经常引起对"白人的负担"的抱怨,这是一种拒绝承认帝国利益的方式。中国欢迎双赢,也必须考虑到负担和双输的风险。正如皮凯蒂所言,中国在管理资本方面有很多优势。世界其他国家将依靠这些优势来取得"一带一路"倡议的成功。

(王)所谓"授人以鱼,不如授人以渔","一带一路"帮助相关国家自主发展。打个比方说,"给人一只鸡,他可以选择做鸡汤,或者他可以把鸡留下来,收集鸡蛋,饲养更多的鸡,从而得到更多的鸡蛋,还有鸡汤"。这是一种非常不同的思维方式,因为它强调技能、产品或资产的使用方式,这源于上文的中国谚语,在很多方面都是对"一带一路"倡议理念的很好描述。

"一带一路"倡议不但涉及基础设施本身,而且关乎基础设施的有利影响,及其推动经济增长和独立自主的方式。正如在中国发展融资的成功案例表明,"一带一路"倡议正在促进债务国偿还过去产生的债务,而不是造成债务陷阱。

"要致富,先修路;要快富,修高速;要闪富,通网路;要共富,先通路",这样的口号激励很多发展中国家参与"一带一路"倡议。"一带一路"建设让中国广为实践的开发性金融模式大显身手,解决了新自由主义全球化造成的市场失灵、政府缺位的问题,通过创造和培育市场,正在构建"有为政府、有效市场"新发展经济学。

当然，这需要有个过程。中国官方已经注意到对一些参与国陷入所谓"债务陷阱"的批评，并建立相关制度以规避风险。2019年4月25日，在第二届"一带一路"国际合作高峰论坛资金融通分论坛期间，财政部正式发布《"一带一路"债务可持续性分析框架》，旨在鼓励中方和共建"一带一路"国家金融机构利用本框架对低收入国家进行债务可持续性分析评估，参考评估结果，对其债务风险进行分类管理，并作为贷款决策的重要参考。

债务可持续性分析流程包括：①明确债务范围，②预测宏观经济走势，③校验预测的准确性，④确定国家分组，⑤开展压力测试，⑥判断风险信号，⑦修正模型结果，⑧确定风险评级，⑨形成分析报告。

分析报告主要包括以下内容：①公共债务范围，②债务情况，③宏观经济预测情况，④国家分组，⑤压力测试的情景设定，⑥公共外债分析，⑦公共债务分析，⑧模型结果修正，⑨最终评级，⑩当局意见，⑪表格与图表。

原则上，债务可持续性国别分析报告拟每年编制一次。有关机构可基于报告评估结果，并结合相关国家未来发展空间、新增贷款的承载能力、债务可持续性以及2030可持续发展议程等共同发展要求，对"一带一路"国家债务风险进行分类管理,并作为贷款决策的重要参考。

3."一带一路"倡议可以透明吗?

(马丁)自 20 世纪 90 年代全球经济危机以来,经济政策更高透明度地引入被誉为避免重蹈覆辙的重要贡献。尽管如此,危机仍然重演,尤其是在 2008 年,提高透明度的需求与日俱增。

面对这一明显的悖论,人们可能会怀疑透明度是助推而不是抑制危机。这并不那么简单,但检查所涉及的动态过程富有教育意义。不言自明的是,当他们对市场条件、客户和竞争对手有更深入的了解时,各种代理人、个人、公司或政府的经济决策都会得到改善。他们还需要了解并依赖执行管理经济活动的法规。

1945 年,中国成为国际货币基金组织的创始成员国,在开放后的 40 年里,中国一直在提高在其中的地位,是国际经济秩序的主要守护者。通过执行其向陷入困境的经济体提供贷款的原则, 它一直是经济全球化的关键角色。用它自己的话来说:"国际货币基金组织已制定政策, 确保有意义和准确的信息——包括其在全球经济中的作用及其成员国的经济——实时提供给全球受众。"(IMF 资料,2019 年 3 月 20 日)

市场经济中的问题是,对政策和他人的计划,比对你有更多了解,永远是一项优势。拥有公平竞争环境是一回事,每个人都知道管理它的共同规则，但与其他玩家分享您在游戏中赢得优势的计划则是另一回事。此外，商业机密性、官方机密、知识产权、专利和个人隐私权等各种规则和惯例都受到尊重。

个人、企业和政府之间的关系涉及管理透明度和保密性之间错综复杂的平衡，这种平衡一直在变化。不断创建新的所有权和投资形式，以避免出现支配国家经济中现有信贷形式的规则。经济主体试图避开透明度限制的另一个关键领域是在民族国家的边界之外运作。这反过来又成为经济全球化、追求境外利润和逃避国家税收的主要因素。在全球化经济中，政府是利用主权财富基金在海外获利的同等理性代理人。

在两个主要方面，"一带一路"倡议将受到透明度的挑战。首先是中国公认的保持国家与企业之间密切联系的政策。因此，中国特色社会主义支持不同形式的公司治理。其次，中国庞大的主权财富规模及其从国家所有权中获得的自主权使其在与外国投资者的竞争中具有优势。如果要成为全球经济不可分割的一部分，"一带一路"倡议必须对这些挑战作出适当的反应，此前曾有先例。"一带一路"倡议是双边，即国与国之间的协议，以及多边，即共享基础设施和设备的国家混合体。经合组织和国际货币基金组织等主要多边机构已为其成员制定了多边监督机制。

但也许在各国之间分享信息的最接近的例子是 2000 年

《里斯本条约》中的欧盟成员国,当时成员国承诺,就实现目标的准则和时间表制定共同目标,采用最佳实践指标,彼此之间采取政策并监控结果。如果要保持其合作伙伴的信心,赢得国际社会更广泛的尊重,"一带一路"倡议需要开展类似的监督。

(王)从双边合作到多边合作,"一带一路"倡议将透明度作为高质量需求的自然目标,确保其对国际社会更加透明。

在 2019 年 4 月 26 日的"一带一路"高峰论坛开幕式上,中国国家主席习近平承诺确保所有项目的透明度,"坚持一切合作都在阳光下运作,共同以零容忍的态度打击腐败"。

没有单一的主导者,但有平等的参与者;没有任何暗箱操作,但有开放性和透明度;没有"赢者通吃",但有互利共赢。中国希望建立一个机制,让参与项目的国家受到国际协定和标准的约束。例如,有些国家认为,由于中国如此富裕,他们应该从中榨取每一分钱。为了阻止这种情况,北京需要在第三方市场与发达国家合作,正如现在与瑞士在项目建设和设计中的评估、监督和仲裁等方面的合作一样。

4."一带一路"倡议只是一项地缘政治战略吗?

(马丁)西方的批评者很容易将"一带一路"倡议视为巩固中国作为全球大国地位的战略。因此,至少在美国,这是担忧"一带一路"倡议的主要原因之一,特别是由于美国自身作为唯一且无可挑战的超级大国的地位已经被削弱多年,因此值得认真对待批评。

事实上，中国的地缘政治力量已经并将继续增长，但这并不是"一带一路"倡议的主要目的，正如我从所有明确的意图和已经完成的项目中了解到的那样。中国人民的利益当然是最重要的，否则对中国境内外的任何人都没有意义。

但是这些利益可以通过增加繁荣来实现，这种繁荣将惠及邻近地区的联系乃至更广泛的世界。此外，这还有利于与其他文化实现和平交流，增进相互了解。只要观察者未能在创建权力集团或国际政治运动中发觉利益，因为有约束力的国家涵盖了各种不同的意识形态，而且往往与过去存在紧张关系的国家有关。

矛盾的是，中国对外交政策投入的和谐在西方备受质疑，因为在西方，所谓的现实主义国际政治理论在战略分析中保留了理性讨论。而且，从现实主义的角度来看，如果和谐增加中国的力量，如果"一带一路"倡议中的那些国家与中国实现建设性的合作，那么和谐本身必须被视为潜在敌对势力手中的武器！

幸运的是，现实主义并不是西方诸国外交政策中唯一的观点。"分而治之"可能是一种这样的策略，往往只实现其目标的一半，即成功造成分裂但未能实现统治。中国需要认识到，西方政治制度的多元化总是允许对中国的不同看法，并导致国家政策方向的内部冲突和犹豫不决。例如，英国脱欧是英国的一个典型例子，一定程度上导致关于中国和华为扮演角色的激烈争论伴随始终。

然后中国需要接触西方的那些能够认识到人类对和平与合作的共同利益并且不把和谐视为威胁的观点，他们确实存在。那些致力于和平与和解战略的人在南非、北爱尔兰和巴尔干等不同背景下取得了显著成就，当然欧盟本身也是一个实现国家间和谐的持续项目。

在这些案例中，没有一个人可以说实现和平的工作已经完成。但是，对于创造人类共同未来的宏大项目而言，任何目标都无止境。这是一项持续的任务，我们希望无限期地将之传递给后代。"一带一路"倡议是一条永无止境的道路。

（王）为了构建人类命运共同体，以互联互通为主题的"一带一路"倡议旨在实现全球和平、安全与繁荣，同时也面临一些严峻挑战。对"一带一路"倡议的误读源于多种原因，尤其在于"一带一路"倡议反映了中国和合文化超越了西方的分裂和斗争文化。"一带一路"倡议是地缘经济和地缘文明，而不是地缘政治战略。

许多观察家认为"一带一路"倡议是对美国"印太"战略的反击，因为他们遵循冷战思维。"一带一路"倡议不仅限于丝绸之路沿线国家的联合建设，它还涵盖其他相关国家。合作项目可能位于沿线国家，但标准、规则、资金、技术和人才是全球性的。美国公司、公民和货币已大量参与"一带一路"建设,而亚洲基础设施投资银行(AIIB)则使用美元。因此,美国是一个与"一带一路"倡议有关的国家,也是事实上的参与者——美国公司、美国技术、标准和资金,已经参与"一带一路"项目建设。由于其国际地位和承担的国际责任,美国是世界上所有国家的邻国。中国的智慧意味着它不会也不能排除美国。"一带一路"倡议是中国基于开放性的总体战略——促进现行经济发展模式的转变,以鼓励有抱负的新全球市场实现全球化,从部分全球化(partial globalization)到包容性全球化(inclusive globalization)。

5."一带一路"倡议是否忽视了属于发展项目的社会责任?

(马丁)"一带一路"倡议为西方提出了另一个关于中国社会责任理念的悖论。中国特色社会主义主要通过两种长期存在的刻板印象来理解。人们普遍认为,共产主义是一个控制所有个人行为以实现更广泛社会目标的体系。虽然中国共产党的目标只是发展社会主义社会,但这加强了中国作为一种文化的更长远的观点,在这种文化中,维护社会关系优先于个人的愿望。

当中国人迁移到其他国家时,就会出现悖论。因为他们对同胞的义务倾向于排除而与东道主建立联系。随后,中国"飞地"的发展经常与周围社区产生紧张关系。在过去的早期开发项目中,中国工人来来往往,只留下他们的劳动成果。

所有这一切都可以理解,与外国工人和东道国人民之间的关系没有什么不同。但随后出现的指责是,中国的发展项目不能满足其工作所依赖的社区的更广泛需求,这是不负责任的。

从中方来看,这很难理解。在今天的中国,人们理所当然地认为共同体,特别是那些属于 55 个公认的少数民族群体的共同体,将对彼此行使很大的自主责任。同样,企业对其工人的责任也被认为跟过去一样,几乎完全是致力于工人福利。因而社会责任不是一个有争议的问题,这理所当然。

在西方,情况有所不同。资本主义的历史使公司实体对股东而不是对更广泛的社会负有全部责任。在社会责任方面存在争议,这在关于公司权力的政治辩论中备受瞩目,也扩展到跨国公司的活动。1984 年,印度博帕尔联合碳化物爆炸事件造成的悲惨和可耻后果,通常被认为是世界上最严重的工业灾难,使得在国外经营的公司的责任成为受到持久关注的焦点。

把这两个因素结合起来,中国社会团结意识,西方主导资本主义精神中有争议的社会责任地位,在西方特别强烈的意识下,你会发现"一带一路"倡议将面临对社区影响的严格审查。在某种程度上,你可以期待西方自己对社会责任的不安,被顶替并影射中国——这减轻了内疚!

与所有这些基本上是集体心理学方面的现象一样,中国所能做的就是通过提供援助建设社区设施，如医院、体育馆和敬老院，来展示对"一带一路"倡议所涉地方的特别关注。在这方面，中国确实具有尊老的悠久传统优势。行为比言语更强大。

（王）不雇用当地工人？当地的工资往往只有中国的几分之一，为什么不聘请当地工人呢？因为培训他们需要时间。中国企业正在学习履行社会责任，例如，建立医院、学校，并在他们正在建设的港口周围提供公共产品。工业园区的社会功能和服务越来越多。

根据国务院国有资产监督管理委员会和中国社会科学院共同出版的行业报告，90%以上的中央企业优先考虑为员工提供当地法律制度培训，大约74%的中央国有企业在当地环境保护方面进行培训，68%的中央国有企业采取了其他措施来加强员工对节能措施、减排和生态栖息地保护的意识。

例如，中国电力建设集团有限公司（PowerChina）是为加强与当地社区关系而努力的中央国有企业之一，该公司帮助改造了乌干达卡鲁玛当地的教堂、学校、道路和许多其他基础设施，并在那里建立了一座水电站。当然，社会责任是多方面的，"一带一路"强调建设一个项目，造福一方百姓，是当今世界最大的民生工程，促进民心相通，服务于构建人类命运共同体的伟大事业。

6."一带一路"倡议是否只是加剧了政权腐败?

(马丁)腐败在新闻中出现还是不出现,都很难判断腐败是否更加严重。媒体放大政治决策以反对腐败,这将提高公众意识,从而使之感觉腐败正在增加。这甚至可能导致西方社会学家所谓的道德恐慌,因为对问题的关注与其发生几率的任何增加都非常不成比例。

在这方面,中国的反腐败斗争成为西方对"一带一路"倡议评论的关键话题。特别是在通常情况下,"一带一路"倡议项目的协议是高度个性化的制度,并由领导者和其密切的顾问圈子控制。

关于"一带一路"倡议的腐败问题,有几点需要注意:

第一,在西欧历史上,独裁政权不一定腐败,18世纪开明的"独裁者"常常被奉以尊贵的地位。事实上,顶层人数越少,受贿人数就越少。

第二,在这方面,分散的权力系统并非完美无缺。例如,2009年丑闻震惊英国议会,当时有报纸披露议员普遍提出的虚假索求。西方民主国家可以制造如此多的制衡因素,行贿是完成某项工作的唯一途径。

第三,"一带一路"倡议的相互联系意味着与另一个国家的每项协议都必须采用类似的原则,因为彼此关系密切的国家之间的差异会造成持久的不满,并试图重新开始达成协议。

第四，"一带一路"倡议是混合性的，双边的国家间协议、多边的国家间联系需要全面管理，结果是对保持最大透明度，以避免争议和不平等待遇的挑战的强烈动机。

第五，"一带一路"倡议的融资将涉及多方，当然还有中国、亚投行及相关的国家和国际资助机构。太多的目光集中在同一个项目上，因为透明度低于最大值。

这并不意味着试图利用任何国家作为链条关键位置的利益都没有问题。每个参与者彼此依赖，这条道路上的任何一点都有可能破坏整个沟通渠道，这使得"一带一路"倡议依赖于全面的善意和公平待遇。各方都有良好的行为时，会有额外收益。"一带一路"倡议远非加剧腐败，它可能是为在发展项目中传播良好做法而设计的最佳方法。

（壬）"一带一路"倡议强调高效、廉洁、可持续。2019年4月27日，"一带一路"国际合作高峰论坛廉洁丝绸之路分论坛发起《廉洁丝绸之路北京倡议》，呼吁各方加强对"一带一路"合作项目的监督管理，规范公共资源交易，在项目招投标、施工建设、运营管理等过程中严格遵守相关法律法规，努力消除权力寻租空间，打造规范化、法治化营商环境。

另据2019年4月22日发布的《共建"一带一路"倡议：进展、贡献与展望》，各国应加强反腐败国际交流合作，以《联合国反腐败公约》等国际公约和相关双边条约为基础开展司法执法合作,推进双边引渡条约、司法协助协定的签订与履行,构筑更加紧密便捷的司法执法合作网络。各国需推动企业加强自律意识,构建合规管理体系,培育廉洁文化,防控廉洁风险,坚决抵制商业贿赂行为。

7."一带一路"倡议不是新殖民主义的另一种实践吗?

新殖民主义一直是左翼评论家最喜欢的指责,其中包括西方国家的让·保罗·萨特和诺姆·乔姆斯基,其实践包括利用贸易、援助、政治教育、技术支持、健康和文化活动以促使发展中国家依赖捐助国。

旧殖民主义依靠驻扎在某处领土内的部队和官员来监督当地的政治结构,有时建立外籍人士共同体,实际上创建一个附庸国,甚至将其并入殖民地。

新殖民主义意味着远距离的控制、获取收入的能力及强加给某处领土的政治要求,而不占领国土或提出任何统治要求。

自 1945 年以来,摆脱殖民国家控制的国家的领导人经常援引新殖民主义,并指控他们以前的占领者保持秘密控制或试图颠覆新政权。非洲尤其如此,与亚洲或拉丁美洲相比,除殖民地外,政权几乎没有建国经验。此后,中国在新兴国家的公共政策中取代旧殖民宗主国尤为成功,自 2009 年以来,已成为非洲最大的贸易伙伴。

非洲在中国对外关系中取得的成功并没有使其免受新殖

民主义的指责，但在透明度如此的情况下，西方参与其前殖民地的极端分裂和激烈争议的性质将注意力从中国转移开。西方左翼评论家仍然关注前殖民地国家，而右翼评论家几乎没有可信度，似乎试图使人们的注意力远离本国事务的辩论。

当然，中国在百年国耻中，对旧殖民主义的含义有惨痛的体验，并通过自己的努力避免了新形式的殖民主义。与此同时，中国自身的历史经验使它具备了足够深远的眼光，能够识破花言巧语，并发现剥削行为。鉴于"一带一路"倡议的规模、范围和多边性质，为数众多的平等伙伴国家应该提供额外的保护，以防止新殖民主义。

布雷顿森林国际金融体系按国家/地区运作的方法允许外国参与各种形式，在这方面容易受到利用当地条件乃至腐败做法的影响。如果中国对非洲新殖民主义的指责持开放态度，那么"一带一路"倡议正在发展的方式肯定会使其免于这个问题上的任何严重批评。

（王）帮助非洲国家成为贸易、金融和运输的区域中心，实现工业化和去殖民化，是"一带一路"倡议的关键。例如，蒙内铁路为肯尼亚带来了2.5%的经济增长。东非所有国家都可以从陆海联通、参与全球化中受益。

中国帮助非洲实现了工业化，十几年来取得的成就超过了几百年来西方殖民统治的结果。除了通过建设"三网一化"（高速铁路网、高速公路网、区域航空网以及基础设施工业化)分享现代化的经验外,中国还参与了增进非洲人民福祉的项目。

西方认为,中国通过"一带一路"倡议输出中国模式,这是一个很大的误解。中国模式也可称为中国发展模式。它包括以问题为导向和以目标为导向的重点,其核心是形成有效的政府和市场,从而利用看不见的手和可见的手来创造和培育市场。最终,市场起着决定性的作用。这为那些尚未充分发展其市场经济并为解决西方首选自由市场模式难以解决的问题提供了新的选择,例如市场失灵、错位和扭曲。例如,要想富,先修路。但是,发展中国家没有资金建设道路,无法从国际市场获得融资,这意味着它们无法实现工业化,这是一个恶性循环。为实现双赢,中国通过资产抵押和开发区建设为发展提供融资,并有助于道路建设,而中国企业则在这些国家开展长期业务。这是"一带一路"倡议的常见做法。如果市场规则如此有效,为什么世界上有 11 亿人缺电?改革开放以来,中国已经使 7 亿人摆脱了贫困,占联合国千年发展目标对全球扶贫贡献的 70% 以上,无可否认地证明了中国的计划行之有效。消除贫困,引领致富,消除沿海和内陆地区的贫富差距,以及实现 2030 年联合国可持续发展目标——这些是"一带一路"倡议的优先事项。

8."一带一路"倡议是中国版本的"马歇尔计划"吗?

(马丁)基于一些摇摆的假设,似乎是中国人以外的亚洲人,对"一带一路"倡议提出的批评。人们似乎普遍误解了"马歇尔计划"的含义。这是美国仓促准备的权宜之计，以应对苏联与西欧盟友之间快速发展的对峙。

该计划于 1948 年 4 月由杜鲁门总统启动，针对在第二次世界大战中与德国作战并且仍然在苏联控制之外的欧洲诸国（以及土耳其）。但在接下来的四年援助中，西德成为约 130 亿美元援助的主要受益者，该部分被美国、英国和法国军队占领。

官方名称为"欧洲复兴计划"，其背后的想法是维护苏联控制之外的国家对西方代议制民主制度的承诺，并通过在毁灭性战争后协助重建经济来保障其社会稳定。

但是地缘政治目标至关重要，在苏联共产主义和西方大国之间正在形成的对抗中，这一计划只有在北大西洋公约组织（北约）周围迅速发展的安全利益的背景下才能理解，并于一年后（1949 年）建立一个持续至今的联盟。实际上，这是今天所谓的西方核心。

今天关于"马歇尔计划"的一般结论是，它成功地实现了目标，并使西欧脱离了最终引向欧盟（EU）的方向。在美国的领导下，北约仍然是一个独特的军事联盟，而欧盟没有成功地发展出独特的防务功能，尽管这是那些希望减少对美国依赖的领导人的愿望。

平行比较"一带一路"倡议与"马歇尔计划"是非常具有误

导性的。首先,后者有关的国家位于欧亚大陆的一个小角落,实际上是资本主义和苏联共产主义之间史诗般对抗的前线。他们的经济复苏得到了促进,使他们和美国免于苏联的扩张。这是两个大国之间的对抗性竞赛,双方都有自己的从属国。

"一带一路"倡议不是两个竞争对手之间竞争的一部分。它对意大利、俄罗斯、缅甸、孟加拉国都开放。其互联互通指导原则没有固有的局限性,世界和平与繁荣是首要目标,不对其存在的地域范围或时间长短施加任何限制。

与"一带一路"倡议真正具有可比性的计划是 20 世纪下半叶西方诸国的发展计划,其名称类似于"现代化"。这些计划主要是在 1944 年成立的世界银行集团机构的主持下进行的,由国际复兴开发银行(世界银行)和国际开发协会牵头。

这些机构目前包括中国在内的 189 个成员国,是全球发展计划的有效思想引领者和协调者。与联合国开发计划署和国家计划一起,拥有巨大的发展项目联网网络,拥有国际化的专业工作者团体,实际上是一个单一的全球计划。需要在主要独特产出上与"一带一路"倡议做比较的是 2030 年可持续发展议程的可持续发展目标(SDG)。这是"一带一路"规模和范围的真正比较,而不是"马歇尔计划",后者实际上是在一场大国竞争中的某个大国的自身利益。

"一带一路"倡议与可持续发展目标的比较更有启发性。他们乐于将绝大多数发展计划依赖于民族国家作为运营基础和报告单位。到目前为止，签署"一带一路"倡议的成员国其成功之处需要在基础设施互联互通、贸易和文化交流方面进行衡量。因此，"一带一路"倡议在民族国家之间关系方面进行的思考正在挑战世界，而不是在等级秩序方面。

（王）不！"一带一路"倡议的性质、内涵和外延均不同"马歇尔计划"，项目主要是投资，不同于"马歇尔计划"是对外援助。"一带一路"倡议是为了互联互通，不像"马歇尔计划"为了分而治之，是经济合作而非像"马歇尔计划"为了地缘政治和意识形态与苏联的博弈。西方人起初不了解"一带一路"倡议，缺乏历史参照系，只好将其与西方的例子（如"马歇尔计划"）进行类比。

中国正在努力通过和平合作解决产能过剩的问题，而不是通过战争，如同日本和德国在第二次世界大战期间所做的那样。中国从日本官方发展援助（ODA）和新加坡工业园区模式的成功中汲取了经验。

在进行必要的竞争时寻求合作。竞争是为了团结，而不是为了进行口水战或发泄愤怒。必须强调的是，"一带一路"倡议将加速全球资本向基础设施和实体经济流动的导向，从而可以控制并有效利用热钱，将盲目投资转化为以结果为导向的投资。

通过帮助欧洲经济复苏，"马歇尔计划"将欧洲变成了美国与苏联对抗的重要工具。该计划还使美国能够控制和占领欧洲市场。"马歇尔计划"具有严格的政治条件,欧洲所有亲苏联国家都被排除在外。美国甚至为盟国参与该计划制定了标准和规则,让援助接受国别无选择,只能完全遵守。我们可以说,"马歇尔计划"承担了稳定欧洲以面对苏联的战略任务。

另一方面,"一带一路"倡议基本上是有关国家之间合作的平台。作为中国向国际社会提供的公共产品,"一带一路"倡议强调共商共建共享的原则,倡导一套新的国际关系规则,并提出 21 世纪的区域合作模式。"一带一路"倡议建立在互利合作的基础上,呼吁有关国家进行平等、友好的经济文化交流,实现共同发展。

在第二次世界大战后的一段特殊历史时期,"马歇尔计划"在稳定欧洲局势和恢复欧洲经济方面发挥了作用,但其为美国霸权铺平道路的动机显而易见。现在,冷战已经远远落后于时代,中国的"一带一路"倡议摒弃了过去的冷战思维和零和心态。为了应对和平、发展、合作和互利的新趋势,它在内容和意义方面超越了"马歇尔计划"。因此,没有历史或事实依据来支持"一带一路"倡议是中国的"马歇尔计划"。

9. 开发过程中的规则或目标?

(马丁)在西方,有一个深刻的历史假设,即目标是个人的产物,而规则是由政府制定的。这与公认的西方个人主义密切相关。

然而在实践中，20 世纪早期的情况以复杂的方式呈现出不同的样貌。随着公司资本主义的发展，大型组织（包括国家）设定了越来越多的目标，规则是由跨越组织和国家边界的个人、专业和流程的组合发展而来的。

当代制定新法规最突出的例子是国际标准化组织（ISO），其工作在 1994 年结束的乌拉圭回合贸易谈判中成为世界贸易组织（WTO）世贸组织所有成员的义务。但 ISO 排除了国家，基本上是一个由专家技术委员会组成的中央协调网络。类似的组成可以在国际会计准则理事会（IASB）或互联网名称与数字地址分配机构（ICANN）等机构中发现。

这些规则产生，在全球经济中出现管理机构，因为目标导向的代理人在与其他方面交往时具有可预测和广泛接受的标准。其他因素可能是个人、公司或国家，或任何两者之间。为了寻求利益，各国往往承认对专家的有限主权。

然而，规则制定的合法性不是来自单一国家的立法权威，而是来自多个利益相关者对知识的接受，以及独立规则制定机构对专业知识的获取。规则遵循目标导向，而不是相反。

与规则制定过程和目标导向活动的这些基本考虑相关，我们旨在了解"一带一路"倡议在经济发展中的特殊地位。在国际金融机构的运作中，通常被称为全球治理的核心，遵循规则的要求优先于制定目标。这些机构在 20 世纪 90 年代倡导的所谓

"华盛顿共识"，要求各国申请贷款，以便在被认为有资格获得支持之前遵循一套精确的处方。

即使目标成为国际社会共识的一部分，如可持续发展目标（SDGS），也是限定治理活动并实现目标的初始规则。在"一带一路"倡议的规则中，普遍接受的技术标准独立于目标，合作伙伴之间的共同目标为合作项目设立了新规则。

就像最初的丝绸之路一样，"一带一路"倡议是一次探索之旅，合作伙伴在新项目中的合作产生了新的共识、新的规则、程序和产品。没有自上而下强加的模式，唯一的要求是愿意共同努力实现只有通过合作才能实现的共同目标。相比之下，可持续发展目标设想各个国家为实现预定目标而进行的自主努力。这是竞争，具有西方新自由主义竞争行为的特征。"一带一路"倡议合作的目标导向是将古老的智慧置于新目标，准备挑战支撑西方资本主义发展模式的假设。

（王）当然，但这是谁的规则？我们需要协调不同的规则以匹配东道国的当地条件。发展是解决所有其他问题的关键。但是对于可持续发展而言，我们需要共建共治共享。

"一带一路"倡议强调企业主体、市场运作、政府服务，国际标准。为什么西方人认为 BRI 是中国政府项目？这是由于"一带一路"初始路线沿线国家的国情，以及基础设施建设本身的特殊性。在"一带一路"六大经济走廊沿线的 60 多个国家中，其中

8个是最不发达国家，16个不是世贸组织成员，其中24个国家的人类发展指数低于世界平均水平。如何将欧盟倡导的高标准市场原则应用于所有人？这就像是一个孩子和一个专业跑步者之间的竞赛——从这个角度来看，这样的要求似乎与现实脱节。

中国认为，发展是解决所有问题的关键。规则当然很重要，但它们应该经历逐步形成和持续成熟的过程。中国市场改革探索的国家指导经济发展模式，为"一带一路"沿线国家的发展短板提供了补充。最初的意义是为这些国家带来基础设施建设的发展。通过"养鸡生蛋"而非"杀鸡取卵"，他们的独立发展能力将得到提升。与此同时，"一带一路"倡议将有助于培育新市场。中国的改革开放首先在沿海地区进行试点，然后在内陆地区进行试点，以便可以作为经济中心的城市推动整个中国的改革开放。现在，为了彻底摆脱贫困，"一带一路"倡议希望通过建设互联基础设施（港口、城市、铁路、公路、贸易路线等）来发展非洲市场，以便非洲能够获得内生的发展动力，形成经济开发区，实现工业化和农业现代化。完全依靠市场就像把孩子扔进大海——我们都可以想象结果。通过开发区，中国更喜欢让孩子们在跳入大海之前学会在游泳池里游泳。这是"一带一路"倡议的方式。

10.中国自行其是？

（马丁）"一带一路"倡议与西方发展模式之间的差异就在于，极端情况下，人们对生活的总体观点和人类在世界上的地位形成鲜明对比的例子。它们之间的差异长期以来一直引起学者们的反思，他们认识到文化之间的这种对比，能够指出比停留在单一文化中所能达到的境界更加深刻的见解。

作为20世纪初伟大的知识分子之一，马克斯·韦伯从西方的角度对中国文化进行经典描述，坚持认为传统的仪式和巫术信仰阻碍了源自东方的资本主义，但是，一旦在西方建立，就会受到热烈欢迎。

凭借一年多的东西方关系经验及西方汉学家的专业知识，我们可以获得更为成熟的理解。法国学者弗朗索瓦·于连（François Jullien）指出了中国道路的探索合理性，即行动在不断努力中寻求最佳结果，而不是预先给定目标的约束。这是合理性，但不是预先设定、结束意味的那种。

目标导向的中国方式恰恰是在寻求实现价值和人类潜能的决心，并始终在特定条件下寻求理想的结果。中国人的方式对事态做出反应，不是作为障碍和干扰采取既定行动，而是作为未来行动方针的指南，提出改变和机会。从经济角度来看，揭示偏好的重要性。在哲学中，正是这种实用主义，美国著名的约翰·杜威乐于发现在中国思想中如此突出的取向。

这些与西方的对比展现在一系列基本的中国概念中。例如，"礼"涵盖了西方既是法律又是恰当的行为，西方带来的内容几乎是对立的，"心"和"心灵"，情感和理性，共同作为行动的动机。

断言这些意见上的差异代表了不同文化之间的鸿沟，这是错误的。将文化融合在一起，就像文化交流的历史所展现的那样。这正是"一带一路"倡议发挥作用的独特文化特征，它强调互联互通和增长潜力，使其成为一个全新的发展项目，与扭曲的西方全球化思想的平面世界形象形成鲜明对比。

世界其他国家应该欢迎这种新发展模式的独特性，并感谢可能成为现实的文化多样性。

（王）这是条条大路通北京或以中国为中心的 WTO 的神话。以任何一方为中心的辐辏秩序都是不可能的。"一带一路"建设协调中国的规范/法律、东道国的规范/法律和国际规范/法律，是统筹、对接而非取代已有机制、发展战略和安排。

亚洲基础设施投资银行（AIIB）使用美元，并致力于高标准的精益、绿色和廉洁。此外，必须承认，在一些国家和项目中，西方的高标准无法实现是很正常的。西方高标准给当地社区带来了什么？通过发展融资和工业区建设，中国一直在创造和培育其他发展中国家的市场，最终将帮助他们在国际市场上获得融资并遵守国际规则。

中国的投资已经解决了西方难以解决的"先有鸡还是先有蛋"的问题。它帮助"一带一路"沿线国家获得必要的发展资本，为未来与发达国家的合作奠定了基础。

"一带一路"倡议是人类创新的伟大典范,克服了传统的创新陷阱:美式节约劳力和欧式资源节约的创新,破坏了南方国家在低成本制造中的比较优势,从而形成了创新陷阱。与此同时,除了这种创新悖论——即以金钱为名的创新——富者愈富,贫者愈贫。有增长但没有就业,人工智能可能会加剧而不是阻止这种趋势。"一带一路"倡议对基础设施互联互通的关注有助于指导西方投资实体经济,而不是继续创造金融泡沫。"一带一路"倡议推动包容性创新,超越传统的大国博弈竞争,旨在构建人类命运共同体,创造新的人类文明。

马丁·阿尔布劳(左)与王义桅(右)

# 附录五:

# Dialogue on the Belt and Road Initiative in celebration of the 70<sup>th</sup> birthday of the People's Republic of China(English Version)

10 Questions About BRI with
Martin Albrow and Wang Yiwei

The Belt and Road Initiative (BRI) refers to the Silk Road Economic Belt and the 21st–Century Maritime Silk Road.

The BRI includes three key ideas, the first of which is "The 21st century." The BRI is first and foremost an integrated and interconnected transportation network of railways, highways, air and sea routes, oil pipelines, power transmission lines, and communication networks. The core word is "connectivity" in which all things and all humans are connected—vividly representing the unique features of the 21st century.

The second key idea is the word "belt," referring to the economic corridors and economic development belts—reflecting the experience and model of China's reform and opening–up endeavors. The building of the Silk Road Economic Belt was designed to promote the development of all areas involved by gradually expanding growth and carrying out greater regional cooperation.

The word "road" has a broader meaning. It plays the role of "the Way" in the Chinese classic Tao Te Ching, which believes that the Way creates everything we know in the world. The Way in today's world requires us to build a community with a shared future for humankind. The BRI is open and inclusive so that everyone can make contributions and share the benefits.

The China–proposed Belt and Road Initiative refers to the Silk Road Economic Belt that links China with Europe through central and western Asia, and the 21st–Century Maritime Silk Road connecting China with southeast Asia, Africa, and Europe. Since the initiative was proposed 6 years ago, it has been the popular means for the transfer of public goods and for building a community with a shared future for humankind—a platform for international cooperation to push forward inclusive globalization.

It received a very positive response from all over the world.

However, questions still remain following its implementation. The following 10 are representative of some of the more important queries.

## 1. Does BRI degrade the environment?

Martin: Bringing the preservation of the natural environment into the debate provides critics unlimited freedom to raise objections to BRI. Because all economic development takes the gifts that nature provides and converts them into products for human use. This has been the case ever since the first apple was plucked from the tree of wisdom.

Human relations with nature are symbiotic. Still more, they are integral to it. The apples we buy in the supermarket today are from hybrid varieties of tree that would never have existed without human intervention. We human beings are agents in the evolution of the environment on which we depend, and with which we struggle. No one should imagine that the environment is benign—cyclones, earthquakes, and mortal disease are also natural.

The issue then is one of balance. A sainted figure of the environmental movement, American writer Henry Thoreau, famously retreated to the forest to find himself. But as he was admiring the solitude, he simultaneously applauded the railroad that brought products from every corner of the world and gave him the sense of being a citizen of the world. He appreciated the opportunities for work that new railways brought to the surrounding neighborhoods and the increased pace of life that they encouraged. He was an early proponent of connectivity and the stimulus it provides for personal exploration. It is an intuition shared by every tourist a-gency that advertises the beauty and isolation of the tropical is-land while advertising cheap air fares.

Finding the balance between economic development and en-vironmental protection depends on the scale on which they are assessed. China is criticized for helping countries build new coal burning power stations, but it can rightly point to its own global leadership in solar energy applications. In doing so, it is adding together the impacts of its domestic energy policies and its foreign economic activity to assess their overall carbon emissions on a global scale It is this enormity of human induced climate change that requires the largest carbon−emitting countries to assess the total impact of their energy policies on a global scale. In this re-spect, China is taking the lead and the world has to hope it can bring others along with it.

Wang: As Confucius said, "If one wishes to stand on one's own feet, one must help others to stand on their own feet; if one wishes to succeed, one must help others to succeed." Every country has its own development needs and China's Belt and Road Initiative aims to help other countries achieve the goals set down by the United Nation's 2030 Agenda for Sustainable Development. For instance, 70% of world poverty alleviation has been attributed by China. In today's world, 1100 million people are without electric power (350 million in India). The Chinese trinity comparative advantage of "Smart Grid + UHV + Clean Energy" helps to bring energy to them while cutting carbon emission. This is what president Xi put forward at the U.N. General Assembly in 2015 "The Global Energy Interconnection Plan" (http://www.geidco.org/): Map courtesy of http://www.geidco.org/.

In fact, green development is very important objective for China. On May 2,2019, China officially launched the International Coalition for Green Development on the Belt and Road Initiative, which could serve as an international platform for Chinese and foreign leading agencies to work closely together to conduct research and make policy recommendations on key issues as well as facilitate an international dialogue.

NASA report shows that 1/4 growing new green in the world because of Chinese contribution. China shares her experience with other BRI countries and has also made clear its commitment to incorporate green strategies into the BRI by releasing the Guidelines on Promoting Green Belt and Road and the Belt and Road Ecological Cooperation Plan. These documents outline a vision for sustainability.

## 2. Is BRI a new form of debt imperialism?

Martin: William Shakespeare has the wise old royal official in the play Hamlet say "Neither a borrower nor a lender be; for loan oft loses both itself and friend." Indeed the West has never been wholeheartedly capitalist, if one regards credit and debt to be inherent in capitalism. In the Christian story, Jesus threw the money lenders out of the temple.

Thomas Piketty, whose vast tome Capital in the Twenty First Century is held by some to bear comparison with its forerunner by Karl Marx, goes as far as to say that in all civilizations there has been a hostile reaction to the idea that owners of capital can earn a return on it without working themselves. Yet he points further to the failure of Soviet style experiments in eliminating private ownership of capital as demonstrating the usefulness of markets in "coordinating the actions of millions of individuals."

The whole experience of Chinese reform and opening up has been one of learning how to control capital markets for the greatest social benefit. There is a profound recognition that capital represents a store of value that can be put to use for future benefits and it is the way those benefits are distributed that determines social stability. Piketty points to the advantage China has compared with European countries in being able to determine how to control capital.

Recognition of the fundamental nature of capital and its control is essential to avoid the kind of crude moralism involved in the rejection of debt. Debtors and creditors are in a social relation, where each has a commitment to the other and both have confidence in the future benefits of investment both to the borrower and the lender.

There is then no moral superiority on one side over the other. We have seen the trouble caused in the European Union in the assumption by one side, in this case German citizens, that the people of Greece are in some way morally corrupt because of their difficulty in managing their national debt. Those who lend to others earn interest, and if their investment proves unsound they have themselves as much to blame as the other side.

All of this is relevant to the accusation that China—by investing in the infrastructure of other countries, lending them money to build railways, or taking part ownership of port—is in some way building an empire. The answer to that is that the BRI depends on country to country deals on the basis of equal responsibility and knowledge of their own interests. This is at the heart of win−win calculations.

None of these considerations exclude the possibility of exploitative relations of the kind that Marx analyzed, where one side owns the capital and the other side owns nothing but labor power. But in the current world system of international relations, recognition of state sovereignty is the guarantee that country to country relations can be conducted on the basis of equality.

The risks of economic imperialism are enhanced when multilateral institutions operate outside national control and impose conditions on debtor countries that limit their independence and legitimacy for their own citizens. This has been illustrated dramatically in the treatment of South East Asia by the International

Monetary Fund in the 1990s.

The reforms of the global financial system since the crisis of 2008 have done little to reduce the risks of future crises arising in part from the failure to recognize that lending and borrowing are in principle morally equivalent. Lenders are not necessarily extortioners and borrowers are rarely swindlers. The bad debt is an inevitable risk in any investment, not necessarily the result of a moral defect in the borrower. Public policy in Europe particularly suffers from the irrational scapegoating of the victims of misfortune.

The BRI, in this respect, is like any investment, dependent on the debtor countries to deliver and vulnerable to their failure. Indeed, more than that, the very connectivity that is such a benefit for all the countries involved in BRI is itself dependent on all. The failure of any link in the chain can bring traffic to a halt. In the past, British imperialism often led to complaints of "the white man's burden," a way of refusing to acknowledge the benefits of the empire. As China welcomes a win–win scenario, it must also factor in the risk of a possible lose–lose situation. As Piketty says, China has many advantages when it comes to managing capital. The rest of the world will rely on those advantages for the success of the BRI.

Wang: "Give a man a fish and he eats for one day. Teach a man how to fish and he can eat forever." It's a common saying and underpins much of the Western foreign aid budget. "Give a man a chicken and he has a choice. He can make chicken soup, or he can save the chicken, collect the eggs, raise more chickens, have more eggs and also have chicken soup." It's a very different way of thinking because it emphasizes the way a skill, or product, or asset is used. It comes from a Chinese proverb and in many ways is a good description of the philosophy underpinning the Belt and Road Initiative.

The Belt and Road Initiative (BRI) is not only about infrastructure per se, but it is also about the impact of infrastructure and the way it enables economic growth and independence. Like development financing successful stories in China shows, the BRI is paying the way to pay back the debts that came into being in the past not creating debt trap.

"If you want to get rich, build the road; if you want to get rich quickly, build the motor road; if you want to get rich immediately, build the Internet road; if you want to get rich jointly, build the road that connects with China." Such a slogan has encouraged many developing countries to join BRI.

China has officially acknowledged the rising criticism about the so called "debt trap" for some participating countries, and the designs related institution to avoid financial risk. On April 25, 2019, the Ministry of Finance of the People's Republic of China published Debt Sustainability Framework for Participating Countries of the Belt and Road Initiative, which encourages China and related countries to use this framework as an important reference for lending decisions to conduct debt sustainability analysis and manage debt risks according to the risk rating results. It is a remarkable fact that this framework, a non-mandatory policy tool, can also serve as a supporting policy tool for the Multilateral Cooperation Center for Development Finance for usage on a voluntary basis.

The procedures of the Debt Sustainability Analysis(DSA) include the following steps: ( i )debt coverage, ( ii )macroeconomic projections, ( iii )realism tools, ( iv )country classification and debt carrying capacity, ( v )stress tests, ( vi )risk signals, ( vii )the use of judgment, ( viii )the final risk ratings, and( ix )the DSA write up.

The DSA write up (refer to the appendix for more details) contains the following:( i )public debt coverage, ( ii )background on debt, ( iii )background on macro forecasts, ( iv )country classification, ( V )determination of scenario stress tests, ( VI )external DSA, ( VII )overall risk of public debt distress, ( VIII )application of judgment, ( IX )final risk ratings, ( X )authorities' views, and ( XI ) tables and charts.

The DSA write up for applicable countries may be compiled annually. With comprehensive assessment of the country's future development potential, debt carrying capacity, debt sustainability, the 2030 Agenda for Sustainable Development, and other common development agenda, the DSA results can serve as an important reference for the financial institutions of China and other BRI countries to conduct categorized management on debt risks and make rational lending decisions.

## 3. Can the BRI be transparent?

Martin: Ever since the crises in the global economy of the 1990s the introduction of greater transparency in economic policy has been hailed as a key component to avoiding the same mistakes. Crises recur nonetheless, notably in 2008, and the demand for more transparency arises every time.

In the face of this apparent paradox, the suspicion might arise that transparency provides fuel for crises rather than the means to dampening them. It is not as simple as that, but it is helpful to examine the dynamic processes involved. It is axiomatic that economic decision making by agents of all kinds, individuals, companies, or governments is improved when they have greater knowledge of market conditions, of their customers, and of their competitors. They also need to know and rely on the enforcement of the regulations that govern economic activity.

The International Monetary Fund (IMF) has been the main guardian of the international economic order. China became a founding member of the IMF in 1945 and since the opening up 40 years ago, China has been focused on strengthening its position in the organization. Through enforcement of its principles regarding loans in struggling economies, it has been a key player in economic globalization. In its own words, "The IMF has policies in place to ensure meaningful and accurate information—both about its own role in the global economy and the economies of its member countries—is provided in real time to its global audiences" (IMF Factsheet March 20, 2019).

The problem in market economies is that it is always an advantage to have more knowledge about the policies and plans of others than it is for them to have about you. It is one thing to have a level playing field where everyone knows the common rules, but quite another matter to share with the other players your plan to win the advantage in the game. Moreover, this is respected in all kinds of rules and conventions about commercial confidentiality, official secrets, intellectual property, patents, and individual rights to privacy.

Relationships between individuals, businesses, and governments involve the management of an intricate set of balances between transparency and secrecy that is changing all the time. New forms of ownership and investment are continually created to avoid rules governing existing forms of credit within national economies. Another key area where economic agents seek to elude the constraints of transparency is by operating outside the boundaries of their nation–state. This in turn has been a main factor in economic globalization—the quest for profit beyond borders and the escape from national taxation. In the globalized economy, governments are equally rational agents using sovereign wealth funds to their advantage overseas.

In two main respects the BRI will be challenged on transparency. The first is China's acknowledged policy of keeping close connections between the state and companies. Socialism

247

with Chinese characteristics therefore supports distinct forms of corporate governance. The second is that the size of China's vast sovereign wealth along with the autonomy it gains from state ownership, gives it an advantage in competition with foreign investors.

The BRI will have to develop adequate responses to these challenges if it is to become an integral part of the global economy. There are precedents to which we can refer. The BRI is a hybrid of the bilateral, country–country agreements, and the multilateral, countries bonded by shared infrastructure and facilities. Major multilateral institutions such as the OECD and the IMF have developed multilateral surveillance for their members.

But perhaps the closest example of an agreement to share information between countries is that of the European Union in its Treaty of Lisbon from 2000. In this treaty, member states agreed to share goals with guidelines and timetables for achieving them, to adopt indicators of best practice, adopt policies from each other, and monitor results. The BRI will need to develop similar kinds of surveillance if it is to retain the confidence of its partners and the esteem of the wider international community.

Wang: From bilateral to multilateral cooperation, the BRI takes transparency as the natural goal of high–quality demand, making sure it is more transparent to the international community.

Speaking at the forum on April 26, 2019, Chinese president Xi Jinping promised to ensure transparency and the"fiscal sustainability" of all projects. "Everything should be done in a transparent way and we should have zero tolerance for corruption," he said.

There is no single dominant party, but instead equal participants; no operations under the table, but openness and transparency; no "winner takes it all" scenario, but mutual benefits and a win−win situation. China wanted to set up a mechanism under which countries involved in projects were bound by international accords and standards. Some countries, for example, think that because China is so rich they should squeeze every penny they can out of it. To combat this way of thinking, Beijing needs to work with developed countries in third−party markets, like it is doing with Switzerland on assessment, supervision, and arbitration in project construction and design.

## 4. Is BRI just a geopolitical strategy?

Martin: It is very easy for critics in the West to point to the BRI and dismiss it as simply a strategy for consolidating China's position as a global power. In the United States, for instance, that is one of the main reasons the country is anxious about the BRI, especially since its own status as the sole and unchallengeable super power has been declining for some years; it is worth taking the criticism seriously.

The fact is that China's geopolitical power has increased and will keep on increasing, but that is not the main purpose of the BRI as I understand it from all its stated intentions and the projects it has already completed. The interests of the Chinese people are paramount. It would not make sense to anyone inside or outside China otherwise.

But those interests are served by the increase of prosperity that these connections will bring with the immediate neighborhood, and further, with the world. Additionally, there will be the benefit of creating peaceful exchanges with other cultures and the enhancement of mutual understanding. There is no interest, as far as an observer can discern, in creating a power syndicate or an international political movement since the linkages binding countries cover every kind of ideological difference and often are with ones where there have been tense relations in the past.

Paradoxically, the projection of Chinese harmony into foreign policy itself creates suspicion in the West where so-called realist theories of international politics retain an intellectual hold on strategic analysis. Moreover, from a realist point of view, if harmony increases Chinese power and if those countries in the BRI are brought into constructive cooperation with China, then harmony itself must be treated as a weapon in the hands of a potentially hostile power!

Fortunately, realist views are not the only ones that count in the foreign policies of Western powers. "Divide and rule" may be one such strategy, but that very often only achieves half its objective—namely it succeeds in dividing but then fails to rule. China needs to recognize that the pluralism of Western political systems always allows for alternative views about China as well as for internal strife and indecision about the direction of national policies. For example, Brexit, the departure of the United Kingdom from the European Union has prompted a heated debate about foreign trade. But those who voted for Brexit are as much divided about the benefits of trade with China as those who voted against it.

China then needs to reach out to those in the West that can recognize a common human interest in peace and cooperation and do not view harmony as a threat. They do exist. Those working with peace and reconciliation strategies have had notable successes in such contrasting contexts as South Africa and Northern Ireland and the Balkans. And of course the European Union itself is a great example with its ongoing effort to bring harmony between nations.

In none of these cases can one say the work of bringing peace is complete. But then again, no end is in sight for the greater project of creating a shared human future either. This is an ongoing task that we hope to pass on to generations for an indefinite time to come. The BRI is merely a step along a road that has no end.

Wang: With the goal to build a community with a shared future, the BRI's theme of mutual connectivity aims to embrace peace, security, and prosperity globally, while at the same time being confronted with some serious challenges. The misinterpretation of the BRI stems from a wide range of reasons—especially that the BRI reflects Chinese He-he (和合)culture going beyond the Western divide. The BRI is a geo-economy and geo-civilization rather than a geo-political strategy.

Many observers have mistaken the BRI as a counter to the U.S. Indo-Pacific Strategy because they follow a Cold War mentality. The BRI does not limit joint construction only to the countries along the Silk Road route; it also includes other relevant countries. Projects might be located in countries along the route, but the standards, rules, funds, technology, and talent are global. U.S. companies, American citizens, and the U.S. dollar have already participated in the BRI construction in large numbers, while the Asian Infrastructure Investment Bank (AIIB) uses U.S. dollars. The United States is thus a BRI-related country and a de facto participant. Due to its international status and commitments, the United States functions as a neighbor of all countries in the world. China's wisdom means it will not and cannot exclude the United States. The BRI is China's overall strategy based on openness—promoting the transformation of the prevailing economic development model to encourage aspiring new global markets to achieve globalization, from partial globalization to inclusive globalization.

## 5. Does the BRI neglect the social responsibility that belongs to development projects?

Martin: The BRI produces another paradox for the West, about the Chinese idea of social responsibility. "Socialism with Chinese characteristics" is understood largely through two long-

established stereotypes. There is the widespread view that commu-
nism is a system where all individual behavior is controlled to re-
alize the goals of the larger society. Although the Chinese Com-
munist Party aims only to develop a socialist society, this rein-
forces an even longer held view of China as a culture where the
maintenance of social ties takes precedence over individual aspi-
rations.

The paradox then arises when Chinese people move to other
countries. Once they have relocated, their sense of obligation to
their compatriots can tend to exclude building ties with their
hosts. Chinese enclaves then develop, often resulting in tensions
with surrounding communities. In the past with earlier develop-
ment projects, Chinese workers have come and gone leaving noth-
ing but the results of their labor.

All of that, one might say, is understandable and no different
from relations between foreign workers and host peoples any-
where. But then the accusation arises that Chinese development
projects are irresponsible in that they fail to respond to the wider
needs of the communities where their work has been based.

From the Chinese side, this has been difficult to understand.
In China today, it is taken for granted that communities, especial-

ly those belonging to the 55 recognized minority ethnic groups, will exercise a great deal of autonomous responsibility for each other. Equally, the responsibility of enterprises for their workers has been assumed, in the past, as an almost total commitment to their welfare. Social responsibility then is not a controversial is-sue—it is taken for granted.

It is different in the West. The history of capitalism has made the corporate entity entirely accountable to the shareholders, rather than to society. Political debate about corporate power has made the social responsibility of businesses the centre of contro-versy. This has extended to the activities of transnational corpora-tions Tragic and scandalous consequences of events like the U-nion Carbide explosion in Bhopal, India in 1984, generally con-sidered the world's worst industrial disaster, have brought the re-sponsibility of corporations operating abroad into lasting focus.

Put these two factors together, the Western sense of particu-larly strong Chinese social solidarity together with the controver-sial status of social responsibility in the West's dominant capital-ist ethos and you will find that the BRI will face intense scrutiny in regard to its impact on the communities where it is based. To some degree, you can expect the West's own unease about social responsibility to be displaced and projected on to China—it eases the conscience!

As with all such phenomena that are basically aspects of collective psychology, all that China can do is demonstrate particular concern for the localities involved in the BRI by offering, for instance, assistance in building community facilities like hospitals, stadiums, and homes for the elderly. In this respect, China indeed has the advantage of a long tradition of caring for the old. Deeds will count for more than words.

Wang: Do not hire local workers? The local working salary is only one-third less than China. Why not hire local workers? It takes time to train them. Chinese companies are learning to cater to social responsibilities—for instance, build hospitals, schools, and provide public goods around the ports they are building. There are more and more social functions and services appearing in the industrial parks.

According to an industry report co-published by the State-owned Assets Supervision and Administration Commission of the State Council and the Chinese Academy of Social Sciences, over 90% of central SOEs prioritize training in local legal systems for their staff. About 74% of central SOEs impart training in local environmental protection, and 68% of central SOEs have initiated other measures to strengthen their staff′s awareness of energy – saving measures, emission reduction, and protection of ecological habitats.

For example, Power Construction Corp of China, or PowerChina, is one of the central SOEs that has made great efforts in strengthening relationships with local communities. The group has helped renovate local churches, schools, roads, and many other infrastructural facilities in Karuma of Uganda, where it has set up a hydropower plant.

## 6. Does the BRI simply reinforce corrupt regimes?

Martin: It is not always easy to decide whether there is more corruption when it is in the news or when it is out of it. Media amplification of a political decision to mount a drive against corruption will always raise public awareness and thus a feeling that corruption is on the increase. It can even result in what Western sociologists have called a moral panic—when concern for a problem is quite disproportionate to any increase in its incidence.

In this respect, China's drive against corruption makes it a key talking point in Western commentary on the BRI. This is especially pronounced when, as is often the case, the agreement to proceed with a BRI project is with a regime that is highly personalized and under the control of a leader with a close circle of advisers.

There are several points to make about corruption concerns with the BRI. The first is that autocratic regimes are not necessarily corrupt In the history of Western Europe the 'enlightened despot of the eighteenth century has often been given an honorable place. Autocracy often equates to oligarchy, the rule of the few. If bribery is the problem, the fewer people at the top, the fewer there are available to bribe.

Secondly, systems of dispersed power are not faultless in this respect. For instance, the British parliament was rocked by a scandal in 2009 when newspapers challenged the members' declarations of expenses and the resulting official enquiry showed that indeed there was a widespread culture of making false claims.

A third point is that the very connectedness of the BRI means that each agreement with another country must adopt similar principles since disparity between countries in close relations with each other would create lasting dissatisfaction and attempts to reopen agreements.

Fourth, the BRI is hybrid in nature—bilateral in that there are country to country agreements, and multilateral in the sense that the connectedness between countries requires overall administration. The result is a very strong incentive to maintain maximum transparency to avoid disputes and challenges about unequal treatment.

Fifth, the financing of the BRI will involve multiple parties— of course China, the AIIB, and the national and international funding bodies in the partnering countries. There are too many eyes focused on the same project for there to be anything less than the maximum transparency.

None of this is to say there will not be attempts to leverage advantage from the key position that any country holds as a link in the chain. But the fact that each country depends on one another, that any issue along the road could potentially threaten to disrupt the whole line of communication, makes the BRI dependent on all round goodwill and fair treatment. There is a premium on good behavior on all sides. Far from the BRI promoting corruption, it may be the best method yet devised for spreading good practice in development projects.

Wang: According to the Beijing Initiative for the Clean Silk Road released at the Thematic Forum on Clean Silk Road of the Second Belt and Road Forum for International Cooperation, on April 27, 2019, "We propose countries involved in the BRI strengthen oversight over various cooperation programs according to laws and regulations and strictly follow laws and regulations in bidding, construction, operation, and management of the projects, to leave no room for corruption and create a regulated and law-governed business environment."

According to The Belt and Road Initiative Progress, Contributions, and Prospects released on April 22, all countries should encourage their enterprises to strengthen self-discipline, establish rule-based managerial systems, foster an enterprise culture that values integrity, monitor corruption risks, and oppose commercial bribery.

## 7. Isn't the BRI just another exercise in neo-colonialism?

Martin: Neo-colonialism has been a favorite accusation from left-wing critics like Jean Paul Sartre and Noam Chomsky against Western investment in developing countries  A similar argument today is that the BRI is primarily for practices that use trade, aid, political education, technical support, health, and cultural campaigns to boost a developing country's dependency on the donor state.

Old colonialism relied on stationing troops and officials within a territory to oversee local political structures. Sometimes it meant establishing communities of expatriates, and in effect creating a dependent state, even to the extent of annexing it to the colonizing country.

Neo-colonialism means control at a distance—the ability to draw revenues and to enforce compliance with political demands from a territory without occupying it or making any claims to rule it.

Leaders of countries that have freed themselves from the control of colonial powers since 1945 have frequently invoked neo-colonialism and charged their previous occupiers with maintaining covert control or subverting the new regimes. This has been especially the case in Africa where, compared with Asia or Latin America, regimes have had little experience of statehood except as colonies. The PRC has then been particularly successful in displacing the old colonial masters in the public policies of the new states and has become the largest trading partner with Africa since 2009.

This success in Africa for China's overseas relations has not exempted it from the accusation of neo-colonialism, but as is the case with transparency, the extremely divisive and hotly contested nature of the West's involvement in its former colonies diverts attention away from China. Western left-wing critics still focus on former colonial countries and right-wing critics have little credibility in what appears to be an attempt to draw attention away from their domestic debate in their own country.

China of course through its century of humiliation has bitter memories of what old style colonialism meant and has, through its own efforts, avoided newer forms of colonialism. At the same time, its own historical experience gives it the depth of perspective needed to get behind the rhetoric and identify exploitation when it occurs. The size, scope, and multilateral nature of the BRI—the sheer number of equal partnering countries—should provide additional protection against neo-colonialism.

The methods of the Bretton Woods international financial institutions that operate on a country by country basis allow for very different forms of foreign involvement in each and in this respect make them vulnerable to practices that exploit local conditions or are open to corruption. If China was open to accusations of neo-colonialism in Africa, certainly the way the BRI is developing would appear to exempt it from any serious criticism regarding that topic.

Wang: China has helped Africa in its industrialization and what has been achieved in a dozen years has outnumbered the results of Western colonization of hundreds of years. In addition to sharing the experience of realizing modernization through industrialization and building networks of high-speed railways, expressways, and regional airlines, China has also engaged in projects for improving African people's well-being.

The West believes that China has adopted the BRI to export the Chinese model—this is a big misunderstanding. The Chinese model can also be called the Chinese development model. It consists of a combination of problem-oriented and goal-oriented focuses, and its core ideology is to have an effective government plus an efficient market, thus using both the invisible hand and the visible hand to create and cultivate the market. In the end, the market plays the decisive role. This provides a new choice for countries that have not fully developed their market economy and creates new options to solve issues that the West's preferred free market model cannot or will not solve, such as market failures, dislocations, and distortions. For example, you must first build roads before you get rich. However, developing countries have no funds to build roads and are unable to get financing from the international market, which means they cannot achieve industrialization. It is a vicious circle. To achieve a win–win outcome, China provides financing for development through asset–based mortgages and the construction of development zones, and it helps with road–building; at the same time, Chinese enterprises set up long–term operations in these countries. This is the common practice of the BRI. If market rules are so effective, why do 1.1 billion people in the world lack electricity? Since reform and the opening up, China has lifted 700 million people out of poverty, representing over 70% of the contribution to the United Nations Millennium Development goals for global poverty alleviation, undeniably proving that the Chinese program is effective. Getting rid of poverty, becoming better off, and eliminating the gap between rich and poor in coastal and inland areas alike, as well as achieving the 2030 UN Sustainable Development Goals—these are the BRI's highest priorities.

## 8. Is BRI just the Chinese version of the Marshall Plan?

Martin: There appears to be a mainly Asian, if not Chinese inspired criticism of the BRI based on a number of shaky premises. There is a widespread misunderstanding of what the Marshall Plan was. In short, it was a hastily prepared American strategy to deal with the fast developing stand-off between the Soviet Union and the western allies in Europe.

It was set in motion by President Truman in April 1948, and was directed to European powers （as well as Turkey） that had fought against Germany in the Second World War and who remained outside of Soviet control. But one of the main recipients of around $13 billion over the following 4 years of aid was West Germany, the part that was occupied by American, British, and French forces.

The idea behind what was officially called The European Recovery Programme was to safeguard the commitment of the countries that remained outside of Soviet control to the system of Western representative democracy and to guarantee their social stability by assisting in the rebuilding of their economies after a

265

devastating war.

But the geo-political aim was paramount and the plan is only intelligible in the context of the emerging confrontation between Soviet communism and Western powers that developed rapidly, coalescing security interests around the North Atlantic Treaty Organization(NATO)—established a year later as a military alliance that survives to this day. Those countries that received Marshall Aid and the ones who joined NATO are to this day effectively the core of what is known as 'the West'.

The general verdict on the Marshall Plan today is that it was successful in its aims and set Western Europe off in a direction that has culminated in the European Union (EU). NATO has remained as a distinct military alliance under American leadership, while the EU has not succeeded in developing a distinct defense function—even though this has been the aspiration of those leaders who have wanted to reduce their dependency on the United States.

Parallels drawn between the BRI and the Marshall Plan are very misleading. For a start, the countries concerned in the latter were in a small corner of the Eurasian continent and were effectively at the front line of an epic confrontation between capitalism and Soviet communism. Their economic recovery was promoted to secure them and the United States from the advance of the Soviets. It was an adversarial contest between two great powers, each with their subject states.

The BRI is not part of a contest between two rival coalitions, as was the case in the Cold War between the West and the Soviet bloc. It is as open to Italy as it is to Russia—to Myanmar as it is to Bangladesh. There are no inherent limits to its guiding principle of connectivity, and the notions of world peace and prosperity are overarching aims that place no restrictions on its territorial extent or the length of time it survives.

A more accurate comparison that is between the BRI and the development programs of the Western powers in the second half of the 20th century—"modernization" being a valid example. These programs have largely been conducted under the auspices of institutions set up in 1944 as the World Bank Group and spearheaded by the International Bank for Reconstruction and Development (the "World Bank") and the International Development Association.

These institutions, today comprised of 189 member states, including China, have been the effective thought leaders and coordinators for development programs worldwide. Along with the U-

nited Nations Development Programme and other national pro-
grams, there is an immense interlocking network of development
projects with a cosmopolitan body of professional workers that is
in effect a single global program. The main distinctive output with
which the BRI can be compared is the Sustainable Development
Goals (SDGs) of the 2030 Agenda for Sustainable Development.
This is the true comparator for the scale and scope of the BRI
rather than the Marshall Plan conceived in what in effect were the
local interests of one of the powers in a great power contest.

The comparison with the SDGs is far more instructive. They,
like the great majority of development programs, rely on nation
states as the operational base and the reporting units. The BRI
has member states signed up to and its success will be measured
in the infrastructural connectivity, trade, and cultural exchange
between those states As such, it challenges the world to think in
terms of relationships and not in terms of the ranking order of na-
tion-states.

Wang: No. It is investment, not foreign aid. It is for mutual
connectivity, not divide and rule. It is economic cooperation, not
an ideological game. People in the West do not understand the
BRI and lack proper historical perspective as they simply com-

pare it to Western examples such as the Marshal Plan.

There are three major differences:

①The Marshall Plan was a foreign aid strategy, while the BRI is an investment plan.

②The Marshall Plan was to export U.S. overcapacity and standards to Europe, while the BRI seeks international capacity cooperation.

③The Marshall Plan was a geo-political strategy to divide Europe, while the BRI is a geo-economy meant to connect the world.

China is working to address the issue of excessive production capacity through peaceful cooperation, not through war—as Japan and Germany did during World War II. China has learned with great success from the models of Japan's official development aid (ODA) and Singapore's industrial parks.

Seek cooperation, while making addressing obstacles. These struggles are for solidarity, not for engaging in the war of words or venting anger. It has to be emphasized that the BRI will accelerate the navigation of global capital to infrastructure and real economy so that available money can be harnessed and put into effective use, and so that blind investment will be turned into result-oriented investment.

By aiding the recovery of Europe's economy, the Marshall Plan turned Europe into an important tool in America's confrontation with the Soviet Union. The plan also enabled the United States to control and occupy European markets. The Marshall Plan came with stringent political conditions, and all pro-Soviet countries in Europe were excluded. The United States even set criteria and rules for its allies' participation in the plan, leaving aid-receiving countries with no choice but to fully comply. We can say that the Marshall Plan shouldered the strategic mission of stabilizing Europe with a view to confronting the Soviet Union.

The Belt and Road Initiative, on the other hand, is essentially a platform for cooperation among the participating countries. Considered as a public good that China is providing to the international community, the Belt and Road Initiative emphasizes the principles of mutual consultation, joint development, and shared benefits; advocates a new set of rules for international relations; and proposes a 21st century model for regional cooperation. Founded on the basis of mutually beneficial cooperation, the Belt and Road Initiative calls on the countries involved to engage in equal and friendly economic and cultural exchanges in order to realize common development.

In a special period of history following World War II, the Marshall Plan played a role in stabilizing the situation in Europe and restoring the European economy, but its motive of paving the way for U.S. hegemony was clear. The Cold War is now long behind us. China's Belt and Road Initiative has abandoned the Cold War mentality and the zero-sum mindset of the past. Responding to the new trends of peace, development, cooperation, and mutual benefit, it transcends the Marshall Plan in terms of both its content and significance. Thus, there is no historical or factual basis to support the claim that the Belt and Road Initiative is China's Marshall Plan.

## 9. What are the rules or goals of the development process?

Martin: There is a deep historically based assumption in the West that goals are the product of individuals and rules are set by governments. It is closely associated with what is widely understood to be Western individualism.

In practice however, the situation from early in the 20th century has been different in a complex way. With the development of corporate capitalism, increasingly goals have been set by large organizations, up to and including the state, and rules have developed out of associations of individuals, professions, and processes that cross the boundaries of organizations and states.

The most prominent example of this contemporary way of generating new regulations is the International Organization for Standardization (ISO) whose work was made obligatory in the Uruguay Round trade negotiations that ended in 1994 for all members of the World Trade Organization (WTO). WTO members are countries, but the ISO excludes states and is basically a centrally coordinated network of technical committees of experts.[①] Similar composition is found in bodies like the International Accounting Standards Board (IASB) or the Internet Corporation for Assigned Names and Numbers (ICANN).

These rule generating and administering bodies arise in the global economy out of the needs of goal-seeking agents to have predictable and widely accepted standards in handling other parties. Those others might be individuals, corporations, countries, or

---

① For an in-depth discussion of the processes of global private rule making, see Tim Büthe and Walter Mattli, 2011, The New Global Rulers: The Privatization of Regulation in the World Economy.

anything between. For the sake of pursuing their interests, countries then are often conceding limitations on their sovereignty to experts.

The legitimacy of the rule making then derives not from the legislative authority of a single state, but instead from multiple stakeholders' acceptance of the knowledge and expertise available to an independent rule-making body. The rules follow the goal seeking and not the other way round.

It is in relation to these fundamental considerations of rule-making processes and goal-directed activity that we should aim to understand the special place the BRI holds in economic development. In the operation of the international financial institutions, held to be at the heart of what is generally called global governance, the requirement to follow rules is prior to the setting of objectives. The so-called Washington Consensus advocated by those institutions in the 1990s required states applying for loans to follow a precise set of prescriptions before they were considered eligible for support.

Even where goals become part of the shared understandings of the international community, as in the Sustainable Development Goals (SDGS), it is the initial rules that define the goal that ends up governing the activity used to actually achieve it. In the BRI, rules are generally accepted technical standards that are independent of the goals and the sharing of goals sets up new rules among partners in a joint project.

Just like the original Silk Road, the BRI is a journey of discovery, where the cooperation of partners in a new project produces new understandings, novel rules, procedures, and products. No template is being imposed from above and the only requirement is a willingness to work together for common objectives that can only be achieved through that same cooperation. By comparison, the SDGs envisage the autonomous efforts of individual states to meet pre-defined targets. This is a prime example of the competitive behavioral characteristics of Western neo-liberalism. The BRI's alternative cooperative goal seeking is old wisdom put to new ends that is ready to challenge the assumptions that underpin Western capitalist models of development.

Wang: Of course it is rule based. But whose rules? We need to coordinate different rules to match the local conditions of the host countries. Development is the key to solving all other problems. But for sustainable development, we need to build of all, build by all, and build for all.

The BRI emphasizes enterprises as the mainstay, along with market operations, government services, and adherence to international standards. So why do Westerners feel that the BRI consists solely of Chinese government projects? This is due to the national conditions of the countries along the initial route of the BRI and the specificity of the infrastructure construction itself. Among the 65 countries along the BRI's six major economic corridors, eight of them are least-developed countries, 16 are not WTO members, and the Human Development Index of 24 of them are well below the world average. How can high-standard market principles like those advocated by the European Union be applied to all? That would be like a race between a child and a professional runner—in this light, such demands seem disconnected from reality.

China maintains that development is the key to solving all problems. Rules are of course important, but they should go through a process of gradual formation and continuous maturation. The state-guided economic development model explored by China's market reforms provides a complement to the development shortages of countries along the BRI. The initial boon is to bring infrastructure construction to these nations. By "taking the eggs and not killing the chickens," their ability to develop independently will be enhanced. At the same time, the BRI will help cultivate new markets. China's reform and opening up was piloted first in coastal areas and then later in inland areas so that cities could serve as economic hubs to drive the reform and opening up of China as a whole. Now, to get rid of poverty altogether, the BRI wants to grow the African market through building interconnected infrastructure (ports, cities, railways, roads, trade routes, etc.), so that Africa can gain its own development momentum, form economic development zones, and realize industrialization and agricultural modernization. Relying solely on the market is like throwing a child into the sea—we can all imagine the result. Through development zones, China prefers letting children learn to swim in a pool before jumping into the sea. This is the BRI way.

## 10. Is the Chinese way of doing things different?

Martin: The differences between the BRI and Western models of development are examples of what—at their extremes—are fundamental differences in the general outlook on life and the place of human beings in the world. These are differences that have long prompted scholars to recognize that reflecting on such contrasts between cultures can generate deeper insights than are available by confining study to a single culture.

A classic account of Chinese culture from a Western point of view by one of the great intellectual figures at the beginning of the 20th century, Max Weber insisted that traditional faith in ritual and magic stood in the way of capitalism originating in the East, but allowed for its enthusiastic welcome when once established in the West.

With another century of experience with East - West relations behind us and with the expertise of Western sinologists, we can reach a more sophisticated understanding. The French scholar Fran?ois Jullien has pointed to the exploratory rationality of the Chinese way, the dao—where action seeks the best outcomes in an ongoing endeavor rather than through maintaining the constraints of a pre-given goal. This is rationality, but not of the kind where the goal of action is maintained irrespective of experience.

Goal-seeking in the Chinese way is precisely that—the seeking of desirable outcomes with the determination to realize values and human potential, and always under specific conditions. The Chinese way responds to situations not as impediments and interferences with a set course of action, but instead as guides to future courses of action, suggesting change and opportunities. In economic terms, it is the importance of revealed preferences. In philosophy it is the kind of pragmatism that John Dewey, its famed American champion, was delighted to find so prominent in Chinese thought.

These contrasts with the West are exhibited in a range of basic Chinese concepts. Li for instance covers what for the West is both law and appropriate behavior, while xin brings what in the West are almost opposite (heart and mind, emotion and rationality) together as the motives for action.

It would be mistaken to assert that these different perspectives represent unbridgeable divides between cultures. There is as much to bring cultures together as there is separate them as the history of cultural exchange demonstrates. But it is one distinctive cultural characteristic that the BRI brings into play with its emphasis on connectivity and the potential for growth that makes it a whole new venture in development. And it is that same emphasis that provides a sharp contrast to the flat world image that distorts Western ideas of globalization.

The rest of the world should welcome the distinctiveness of this new development paradigm and be grateful for the cultural diversity that makes it possible.

278

Wang: It is a myth that all roads go to Beijing. The Belt and Road is building a China–centric WTO. This is 21st century. Blockchain technology and Internet of Things (IoE) is deconstructing hierarchical system, making anybody–hub order impossible. The Belt and Road is not export China model or standard but to coordinate Chinese norms/laws, host countries' norms/laws, and international norms/laws.

The Asian Infrastructure Investment Bank (AIIB) uses U.S. dollars and is committed to the high standard of being lean, green, and clean. Besides, it has to be admitted that in some countries and projects, it is quite normal that the high standards of the West cannot be realized. What have the Western high standards brought to local communities? Through development financing and construction of industrial zones, China has been creating and fostering markets in other developing countries and will ultimately help them get financing in the international market and comply with international rules.

China's investment has solved the problem of "which comes first, the chicken or the egg"—something the West cannot or will not solve. It has helped countries along the BRI gain necessary capital for development, which lays the foundation for future cooperation with developed countries.

The BRI is a great model of innovation for humankind, overcoming traditional innovation traps: The innovations of American-style labor-saving and European-style resource-saving have destroyed the comparative advantages of the Global South in low-cost manufacturing, thus forming an innovation trap. At the same time, beyond this innovation paradox—that is, innovation in the name of money—the rich are getting richer and the poor are getting poorer. There is growth but no employment, and artificial intelligence may aggravate this trend rather than help it. The BRI's focus on infrastructure connectivity can help guide the West to invest in the real economy and not continue to create financial bubbles. The BRI promotes inclusive innovation and transcends the traditional game of great power competition, aiming to build a human community with a shared future and to create a new human civilization.

Reference: https://eng.yidaiyilu.gov.cn

# 附录六：

## "一带一路"进入他国货币

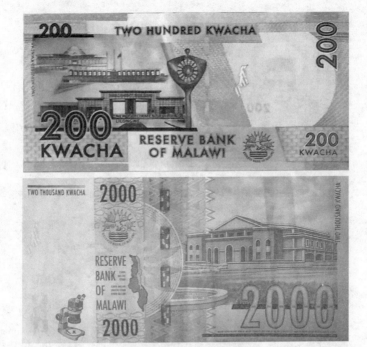

　　中国援建的马拉维科技大学进入马拉维 2000 克瓦查，200 克瓦查的图案是我们援建的议会大厦，在首都。一种货币两次用了中国援建建筑，非常罕见！

科威特 5 第纳尔上印着中建承建的央行大厦

华人朱梅麟头像印在毛里求斯 25 卢比上

中国援建的火电厂印在斯里兰卡 100 卢比上

# 后　记

　　"一带一路"是面对百年未有之大变局而提出的国际合作倡议,不仅承载着古丝绸之路的光荣与梦想、中华民族伟大复兴的百年大计,而且正成为世界各国应对不确定性挑战、实现各自发展战略和追求美好世界秩序的共同探索,必须站在这一时空背景下看其成就与前景。

　　近代以来,恐怕还没有哪个倡议能像"一带一路"那样在如此短时间内吸引到如此多国家参与,能引起如此广泛的国际反响。在中国历史上自不必说,可能在人类历史上也是如此。对"一带一路"的质疑和非议,也因此产生。

　　近代以来,中国解决的是中国问题:民族独立、国家富强;改革开放后着手解决发生在中国的世界问题:七亿人脱贫致富,占联合国脱贫贡献的七成;进入新时代,中国越来越关注解决人类问题:可持续发展问题,人民对美好生活的向往问题,而"一带一路"是新时代中国与世界关系的典型标志,正以"和平之路""繁荣之路""开放之路""创新之路""文明之路"这五路逐步消除世界"三大赤字":和平赤字、发展赤字、治理赤字。在短短的几年的时间里,160多个国家和国际组织参与其中,与中国签署共建"一带一路"合作备忘录,成果和进展远超预期。

"一带一路"被誉为当今世界规模最大的国际合作平台和最受欢迎的国际公共产品,其含义也有狭义与广义之分。狭义的"一带一路"是指,《愿景与行动》等文件界定的"欧亚大陆互联互通合作倡议",即所谓的65个国家(包括中国)。广义的"一带一路"则是建设新型国际关系、新型全球化、新型全球治理的合作倡议,人类命运共同体实践平台。

几年来,"一带一路"建设可圈可点。经过夯基垒台、立柱架梁的5年,共建"一带一路"完成了总体布局,绘就了一幅"大写意"。如今,"一带一路"从理念转化为行动,连点成线到面,在广袤大陆上落地生根,在浩瀚的海洋中乘风破浪,千年丝路再次焕发出蓬勃生机,为当今世界开启发展的新航程。

可喜的是,"一带一路"倡议国际认同日益增强,合作伙伴越来越多,影响力持续扩大,甚至成为应对世界不确定性的再保险。即便有所质疑也是关于推进方式和中国动机的质疑,很少质疑"一带一路"所倡导的共商共建共享原则。

《国际金融论坛中国报告2018》公布的全球首份"一带一

路"问卷调查报告表明,63%的受访国家中央银行认为"一带一路"倡议极其重要,是千载难逢的机遇,也是过去 10 年最重要的全球倡议之一。

世界银行等国际机构的最新研究表明,"一带一路"合作将使全球贸易成本降低 1.1%到 2.2%,推动中国–中亚–西亚经济走廊上的贸易成本降低 10.2%,还将促进 2019 年全球经济增速至少提高 0.1 个百分点。世界银行 2019 年 6 月 18 日发布名为《"一带一路"经济学:交通走廊的机遇与风险》的研究报告,报告指出,"一带一路"交通走廊可以显著改善参与国贸易、外国投资和民众生活条件,前提是中国和交通走廊沿线经济体采取更深层次的改革——提高透明度、扩大贸易、改善债务可持续性并减轻影响环境、社会和腐败风险。"一带一路"倡议全面实施可使 3200 万人摆脱日均生活费低于 3.2 美元的中度贫困状态,使全球贸易增加 6.2%,沿线经济体贸易增加 9.7%,全球收入增加 2.9%。[①]

2018 年"一带一路"建设项目的最大特点,就是加紧迈向精耕细作。从一些境外高铁建设项目客观上暴露出的风险和挑战看,今后一方面要通过示范项目的建成来增强沿线各国民众的信心,通过以点带面、从线到片的方式,逐渐建成大合作的格局。

---

① 世界银行网站:https://www.worldbank.org/en/topic/regional–integration/brief/belt–and–road–initiative。

另一方面，我们也要不断调整和优化自身思维，不但要"走出去"，更要"走进去""走上去"。我们不仅要与各国、各经济体的中央政府打交道，还要与地方政府密切沟通配合，在项目开始之前就做好政策沟通，主动协调与各种社会团体的关系，充分尊重当地社会习俗，推进项目落地生根。

在2018年"一带一路"建设过程中，中国的角色发生了积极变化：一是从之前主要由中央政府层面的国家合作和政策沟通国有企业的"走出去"，发展到同时鼓励地方私人企业积极参与；二是从原来的规划引领角色，发展到共商共建的合作方；三是从原来的政治、经济合作交流，发展到人文、民心的沟通。

这些转变体现了既要自上而下也要自下而上；既要摸着石头过河也要有顶层设计；既要双边还要多边；既要达成共识还要机制化。中国的角色不能太多，也不能太少，我国需根据当地情况，遵行区域一体化的国际标准。

与此同时，第三方市场合作将发展成果惠及全球。所谓第三方市场合作，就是将中国的中端制造能力同发达国家的高端技术、先进理念结合起来，为第三国提供高水平、高性价比、更具竞争力的产品和服务，实现"三方共赢"。目前，我国与法国、韩国、德国等十多个发达国家达成第三方市场合作的共识，聚焦基础设施、能源、环保、金融等优势互补领域，开展了机制化的合作，在一系列重大项目上取得了务实成果。值得一提的是，其间,中日关系出现积极向好势头以来,中日两国也在中泰铁路方面开始协作。

2019 年要深入贯彻落实习近平关于推进"一带一路"建设的系列重要讲话精神,特别是在 5 周年座谈会上的重要讲话精神:要在项目建设上下功夫;要在开拓市场上下功夫;要在金融保障上下功夫;要推动教育、科技、文化、体育、旅游、卫生、考古等领域交流蓬勃开展;要规范企业投资经营行为;坚持稳中求进工作总基调,坚持新发展理念,在继续做好"一带一路"建设谋篇布局"大写意"的同时,努力绘制好深耕细作的"工笔画",推动共建"一带一路"高质量、高标准、高水平发展,在原来"五路"基础上将"一带一路"打造为"绿色之路""廉洁之路"。

2019 年,"一带一路"项目建设也将面临新的任务,面临新的难题和挑战,特别是中美博弈、WTO 改革,世界不确定性风险加剧,"一带一路"建设撬动全球、地区治理结构与利益链条,导致债务风险、环境、劳工等指责不绝于耳。为此,要重实淡名——不要什么都冠以"一带一路",更重视互联互通之实,充分认识到所在国家经济基础与上层建筑的二元性,更加重视软联通,处理好所在地区、国家内部利益分化,遵循国际规则和市场原则,在因地制宜的基础上追求高质量高标准,更加精致、扎实地搞好"一带一路"建设。

最后，以第二届"一带一路"国际合作高峰论坛为契机，唱响"4M"主题：Multilateralism（多边主义）、Mutuality（互联互通性）、Market（市场）、Merchant（商人），创造条件激励更多私企、地方参与，注重案例、数据库建设，做好项目风险评估，推进功能性（如仲裁、投资）机制化建设，推动"一带一路"建设在未来年取得更加丰硕的成绩。

王义桅

2019 年 10 月　于人大静园